中国纪念馆故事

丛书主编 沈 强 朱成山

抗美援朝纪念馆故事

编著 齐 红 朱 进

南京出版传媒集团
南京出版社

图书在版编目(CIP)数据

抗美援朝纪念馆故事 / 齐红，朱进编著. —南京：南京出版社，2014.10
（中国纪念馆故事）
ISBN 978-7-5533-0700-8

Ⅰ.①抗… Ⅱ.①齐… ②朱… Ⅲ.①抗美援朝战争-纪念馆-丹东市-青少年读物 Ⅳ.①K878.23-49

中国版本图书馆CIP数据核字(2014)第229260号

丛 书 名：	中国纪念馆故事
丛书主编：	沈 强 朱成山
书 名：	抗美援朝纪念馆故事
本册编著：	齐 红 朱 进
出版发行：	南京出版传媒集团
	南 京 出 版 社
社址：南京市太平门街53号	邮编：210016
网址：http://www.njcbs.com	电子信箱：njcbs1988@163.com
联系电话：025-83283893、83283864（营销） 025-83112257（编务）	

出 版 人：	项晓宁
出 品 人：	卢海鸣
责任编辑：	孙前超
装帧设计：	乔 伊
策 划：	博士工作室
责任印制：	杨福彬

制 版：	南京展望文化发展有限公司
印 刷：	南京京新印刷有限公司
开 本：	718毫米×1000毫米 1/16
印 张：	9.75
字 数：	132千字
版 次：	2014年10月第1版
印 次：	2022年7月第3次印刷
书 号：	ISBN 978-7-5533-0700-8
定 价：	40.00元

用微信或京东APP扫码购书
用淘宝APP扫码购书

营销分类：教育·旅游

丛书总序

中国纪念馆应成为开展公共外交的平台

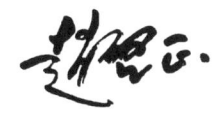

今年年初，成山同志邀请我为即将出版的《中国纪念馆故事》系列丛书作序，并告知中国目前已有1000多家各种类型的纪念馆。

纪念馆对国内观众是学习历史、缅怀先人、传承文化的重要场所，对外国观众则是中国开展公共外交不容忽视的平台。

公共外交和政府外交组成国家的整体外交。"简言之，中国公共外交的基本任务是向世界说明中国，促进外国公众认识真实的中国——包括中国的文化传统、社会发展、经济状况、政治体制和对内、对外政策等。"*在这当中，向世界说明中国的历史，尤其是说明近代史中的重大事件和历史人物是顺理成章的。

中国纪念馆应该成为开展公共外交的优势平台。随着我国社会经济的快速发展，中国国际交通的愈加便利，越来越多的外国人士来到中国。很多人到达一座城市，往往要参观各种各样的纪念馆，甚或在纪念馆座谈研讨、深入交流，以获得我国的历史文化知识和各种其他信息，从而加深对中国的了解，形成各种各样的印象。在纪念馆中参观交流的过程，实际上就是公共外交的实践过程，只是参与人可能并未意识到而已。当前，我国正处在文化事业大发展的时期，相信中国纪念馆的阵容会越来越强大，开展公共外交的前景会越来越宽阔。

中国纪念馆发展到今日已经具有开展公共外交的良好条件。

---

* 赵启正著：《公共外交与跨文化交流》，中国人民大学出版社2011年版。

更可贵的是，许多纪念馆已经有了强烈的开展公共外交的意识，十分注意跨文化交流的方法创新，主动为来馆的外国人服务。据悉，仅以侵华日军南京大屠杀遇难同胞纪念馆为例，去年共接待了563万观众，其中有40多万人次来自世界上95个国家。为此，他们不仅配备了12种语言的语音导览器和《展馆简介》，还专门招聘和培训了英、德、日、韩等语种的讲解员。该馆所有的展品和标识都用中、英、日三种文字标注。不仅如此，他们十分看重国际交流，经常在国内外组织和参加国际学术研讨会和史料展，不仅吸引了学者到会，也有南京大屠杀幸存者参加。这些年，他们到过日本、韩国、印度、孟加拉国、以色列、波兰、美国、意大利、丹麦、俄罗斯、菲律宾等国，进行了历史文化与和平友好的广泛交流。这些都属典型的公共外交活动。

各国纪念馆的设计都尽力协调对内和对外的传播。英国曾经在20世纪90年代的中后期，通过通商、观光（包括各种纪念馆）、文化振兴来强化公共外交。他们在发展旅游业的同时，没有忘记着力唤醒国民的自豪感，以此努力刷新英国"保守顽固的阶级社会"的旧国际形象。"9·11"事件以后，美国强调重振公共外交，注意到表达的手段要适合青少年。英美两国的这些做法，几乎与中国纪念馆的工作重点与对象完全一致，除了对外交流，还以本国青少年为对象进行教育，唤醒国民爱国主义的自豪感、责任感和自信心。

用讲故事的方式传播历史文化，开展公共外交，是一种好的

丛书总序

方法。公共外交可以更为宽松、生动和灵活地采取多种形式在多种场合发出声音，讲述本国的"故事"。许多历史事件与文化现象往往比较复杂，如用心不够，讲解起来会枯燥、呆板。如果通过纪念馆忠于史实的再描述，把它们变成一个个有情、有景、有味、有吸引力的故事，再配之于一幅幅图片，使历史人物或者历史事件鲜活起来，才能易于人们，尤其是外国人听得明白。

出版这套书是一件值得肯定和支持的好事。我相信《中国纪念馆故事》的出版问世，一定会引起社会各界的重视，也为我国开展公共外交增添一抹亮丽的色彩。

（作者原为中国国务院新闻办公室主任，现任中国人民政治协商会议常委、外事委员会主任，兼任中国人民大学新闻学院院长）

目 录

1	伟大的抗美援朝战争
4	威震541高地
9	玉女峰与两水洞的枪声
17	英雄屹立在小高岭上
21	活着的志愿军"烈士"
27	浴血松骨峰
34	第39军大战云山
43	英军皇家重坦克营的覆灭
49	冰雪长津湖
58	清川江畔围歼战
66	钢铁战士守高地
70	孤胆英雄
74	汉江南岸阻击战
81	李光禄英勇炸坦克
86	横城反击战
94	"白云山团"的来历
99	攻打鸡鸣山
103	志愿军首次陆空协同作战
110	狙击英雄
116	无敌坑道里的战斗
126	激战上甘岭
137	奇袭白虎团
142	抗美援朝战争最后一仗
148	参考书目

伟大的抗美援朝战争

抗美援朝战争是新中国成立之初,中国人民在中国共产党领导下,为援助朝鲜人民,保卫国家安全而进行的一场反侵略战争。1950年6月,朝鲜内战爆发。美国立即进行武装干涉,同时派第7舰队侵入中国台湾海峡,并不顾中国政府的一再警告,将战火烧到鸭绿江边。1950年10月,在朝鲜人民处于极端困难,中国安全受到严重威胁的情况下,中共中央和毛泽东主席根据朝鲜劳动党和政府的请求,以及中国人民的意愿,做出"抗美援朝、保家卫国"的决策,组成中国人民志愿军,高举国际主义、爱国主义和革命英雄主

1950年10月19日,中国人民志愿军跨过鸭绿江,开赴朝鲜战场,同朝鲜军民并肩作战,抗击以美国为首的侵略者

1950年冬，美国飞机轰炸新义州，战火烧到了鸭绿江边

义旗帜，开赴朝鲜战场，同朝鲜军民并肩抗击侵略者。

　　肩负伟大历史使命的中国人民志愿军，在中国共产党和毛泽东主席领导下，在彭德怀司令员率领下，高举国际主义和爱国主义旗帜，紧紧依靠中朝两国人民，以无比的勇敢精神和智慧，同朝鲜人民军并肩作战，打败了以美国为首的"联合国军"和南朝鲜军，赢得了战争的胜利，为维护东方与世界和平做出了重大贡献。

　　抗美援朝战争历时两年零九个月，分为两个阶段。

　　第一阶段，从1950年10月25日至1951年7月10日。这一阶段，中国人民志愿军和朝鲜人民军以运动战为主要作战形式，连续进行了五次战役，是属于实施战略反攻性质的作战。特点是：战役规模的夜间进攻和很少有战役间隙的连续作战，攻防转换频繁，战局变化急剧。作战结果：中朝人民军队将敌军从鸭绿江边赶回到"三八线"，并把战线稳定在"三八线"南北地区，迫使敌军转入战略防御，接受了停战谈判。

　　1951年7月，朝鲜停战谈判开始。7月10日，朝鲜停战谈判在开城举行，朝鲜战争开始了长达两年之久的军事斗争与外交斗争

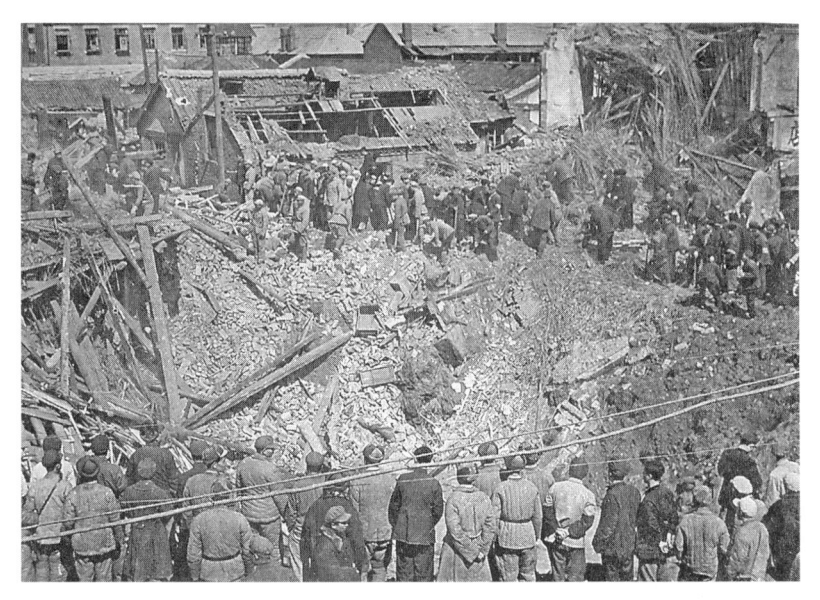

安东市（今丹东市）被美国侵朝空军轰炸后的情景

交织进行的边打边谈的局面，抗美援朝战争进入第二阶段。

第二阶段是阵地战阶段，从1951年6月中旬开始至1953年7月27日抗美援朝战争结束。这一阶段，主要作战形式是阵地作战。中朝军队依靠坚固阵地，曾先后粉碎了"联合国军"多次进攻，并取得了反"绞杀战"和反细菌战的胜利。同时，也主动地对敌军发动了多次战术性进攻，直至战役结束。这个阶段的特点是：敌我相持，战线稳定；边打边谈，打谈结合；局部性的攻防作战频繁；敌军愈来愈被动，志愿军愈战愈强；进行阵地进攻作战的规模也愈来愈大。

1953年7月27日，朝中方面和"联合国军"方面在朝鲜停战协定上签字。朝鲜停战实现了，中朝人民和军队取得了伟大胜利。为促进朝鲜的和平统一，中国人民志愿军响应中朝两国政府关于一切外国军队撤出朝鲜的建议，于1958年3月至10月，分批全部撤出朝鲜。

在伟大的抗美援朝战争中，中国人民志愿军卓越地完成了祖国人民赋予的光荣使命，在抗美援朝、保家卫国的崇高事业中，志愿军所建立的丰功伟绩，将永远与日月同辉。

威震541高地

特等功臣、一级英雄杨春增

那是1951年3月,杨春增所在的志愿军第12军35师104团,奉命由安东的长甸河口入朝参战。一踏上朝鲜的国土,映入眼帘的是满目疮痍,到处是一片废墟。村庄里的房屋在燃烧,老人、妇女和孩子在哭泣……见到此情此景,杨春增恨不得马上投入战斗,替朝鲜父老兄弟赶走侵略者。在此后的战斗中,杨春增在战场上屡建战功。

1952年8月,在金城前线的防御作战中,杨春增所在连接受了攻占541高地的任务。

541高地地势险要,是敌人重点防御的阵地,也是敌525主阵地的一道屏障,由南朝鲜军首都师26团3营10连一个排防守。如攻下541高地,不仅能制止敌人对我军的袭扰,同时可以构成对敌525主阵地的威胁,更重要的是能有效地控制该阵地东侧一条由南向北的公路,以切断敌人的运输线。

8月5日清晨,杨春增和40多名战友在连长的率领下开始向541高地秘密接近,天亮前到达了预定地点潜伏下来,等待黄昏时发起攻击。

晚7时,随着一颗绿色信号弹腾空而起,志愿军按预定计划开

某部突击队在强大炮火掩护下,勇猛地向敌人阵地冲击

始对541高地发起攻击。但是由于我军炮火未能有效地摧毁敌人工事,致使攻击分队被压在两道铁丝网之间不能前进。于是连长命令:"机枪火力掩护!"并命令杨春增带领8班从左侧山洼迂回到敌后占领高地。杨春增和战友们在攻击分队的配合下,迅速占领了541高地,并消灭守敌一个班。

可是没过多久,敌人便开始对541高地进行疯狂反扑,上千发炮弹在阵地上爆炸,使阵地大多数工事被炸毁。为守住阵地,杨春增带领8班战士在敌人停止炮击后迅速构筑工事,并打退了敌人一次次进攻。

敌人采取偷袭的战术被杨春增识破,并一举全歼了敌人一个班。敌人见偷袭不成又采取强攻,用大炮轰、飞机炸,但仍不能夺回541高地。于是敌人又采取继续增兵策略,并不断向541高地倾泻大量的炮弹。此时,我军的伤亡也较大,弹药已消耗殆尽。增援分队因敌炮火拦阻,一时又无法上来,阵地上的形势十分危急。杨春增望着牺牲的战友,对阵地上只剩下一名的通信员牟元礼说:"小牟,战友们为坚守阵地英勇牺牲了,增援分队一时还上不来,敌人也绝不会善罢甘休。我们一定要坚决守住阵地，多杀敌人，誓与阵地共存亡。"随后让小牟去观察敌人的情况，他则趁机掩埋战友们的遗体。不一会，敌人的反扑又开始了，成群的敌人号叫着涌向阵地。杨春增用平静的语调使用步话机向我军炮兵指示射击目标，我们的炮弹像长了眼睛似的，发发击中目标，敌人的反扑又被打退了。

杨春增和通信员利用这个时机，搜集了整个阵地上的弹药，除了4枚手榴弹和1枚手雷外，阵地上没有其他弹药了。在阵地上多留一分钟，就多一分危险。想到这，杨春增对牟元礼说："趁敌人没有行动，炮击还没有开始，你赶快从左边那条小路下去，把高地上的情况报告给连长！"小牟明白，副排长在生死关头，把自己的生死置之度外，考虑的却是别人的安危，便坚定地说："副排长，我决不离开你，要死咱们一块死。"杨春增看着憨厚而又倔强的牟元礼，语重心长地说："不要犯傻了，赶快回去，转告连长马上派部队增援，这里只要有我杨春增在，阵地就绝不会丢！"说着一把将小牟推出了战壕。在杨春增的掩护下，牟元礼含泪离开了541高地。

向敌占领阵地开炮，配合步兵进攻

阵地上只剩下杨春增一个人了。此时,敌人继续在增兵,猛烈的炮火仍然封锁着突击分队的道路。

几分钟后,敌人的进攻又开始了。首先是猛烈炮击,一发炮弹落在杨春增的身边,将步话机炸成了两半。从此,他完全失去了与上级的联系。炮击之后,敌人在机枪火力掩护下,兵分两路向阵地扑来。在占领一、二道战壕后,见541高地上没有动静,便号叫着向主阵地接近。就在敌人放胆冲向山顶时,杨春增突然跃起,甩出了早已准备好的第一枚手榴弹,接着又甩出了第二、第三和最后一枚手榴弹,消灭了20多名敌人。敌指挥官见阵地上只有杨春增一人,举着枪,逼着后退的敌人继续向上冲。杨春增沉着地抽出别在腰间的手雷,握在手中,做好了与敌同归于尽的准备。敌人越来越近,20米、15米、10米、5米,杨春增毅然拔掉了手雷的保险针,一个箭步冲向敌群,随着一声巨响,杨春增与敌人同归于尽。

杨春增以他的英雄行为实现了他"宁可前进一步死,决不后退半步生"的誓言。

在反击作战之前,部队广泛开展军事民主,用沙盘研究反击作战的战术

志愿军某部战士们接受了反击敌人阵地的战斗任务后纷纷上书首长,表示杀敌立功的决心,并宣读决心书

为了表彰杨春增的光辉事迹,志愿军领导机关授予他"模范共产党员"和"一级战斗英雄"称号,并追记一等功。1952年6月25日,朝鲜民主主义人民共和国最高人民会议常任委员会授予杨春增"朝鲜民主主义人民共和国英雄"称号和一级国旗勋章、金星奖章。

玉女峰与两水洞的枪声

1950年10月25日凌晨，一阵激烈的枪声划破了拂晓的天空。南朝鲜军第1师一部由云山向温井方向开进，当行进到云山以东玉女峰地段时，突然遭到迎头痛击。近几天向北开进的南朝鲜军，从未遇到过实质性抵抗，受此突然打击，实在是搞不清头绪，无奈之下又迅速撤回云山。这便是中国人民志愿军打响抗美援朝战争的第一枪，它揭开了抗美援朝战争的序幕，开始了长达两年零九个月的艰苦作战。

从19日到25日，中国人民志愿军进入朝鲜境内已经6天了，

1950年10月25日，志愿军先头部队在利洞、两水洞、黄草岭地区与敌遭遇，从此揭开抗美援朝战争的序幕，这是第42军指挥员在东线黄草岭阵地指挥战斗

而此时,疾速北进的"联合国军"还在执行着总司令麦克阿瑟感恩节前结束朝鲜战争的计划,他们对已经进入朝鲜境内的志愿军6个军的兵力一无所知。

"联合国军"和南朝鲜军10月初越过三八线后,于10月19日占领了朝鲜首都平壤,这使"联合国军"变得趾高气扬。麦克阿瑟认为:"平壤是敌人的首都,它的陷落象征北朝鲜的彻底失败,实际上一切有组织的抵抗行动已全部停止。"这位曾在第二次世界大战中辉煌起来,并在朝鲜战争中因成功指挥仁川登陆战而声名显赫的将军宣称:"'感恩节'前结束朝鲜战争。"

麦克阿瑟的信心是有依据的,他的情报机构认为:"中国人进行干涉的有利时机早已过去了,中国不会有大部队出动到朝鲜。"

而此时的"联合国军"和南朝鲜军总兵力达42万人,拥有各类飞机1 100余架,各型军舰300余艘,其中地面部队23万余人。

凭借军事上的强大实力,"联合国军"和南朝鲜军以惊人的速度向鸭绿江边推进。由于对中国是否出兵做出的错误估计,麦克阿瑟令其所有部队兵分两路,毫无顾忌地向鸭绿江边压来。

在泰州郡龙山洞战斗中,志愿军第39军117师向敌人发起冲锋

西线美第1军由弗兰克·米尔本将军指挥，辖美第24师、南朝鲜第2军团、英第27旅，锋芒直指鸭绿江边的新义州、朔州、昌城和碧潼一线，其右翼的南朝鲜第2军团辖三个师的兵力，其矛头直指鸭绿江边的楚山和江界。

东线美第10军由爱德华·阿尔蒙德将军指挥，辖美陆战第1师、美第7师由海上在元山、利原登陆，然后经长津、向江界、惠山进发。与之配合的南朝鲜第1军团由金白一指挥，辖第3师、首都师沿海岸铁路直扑图们江边。

朝鲜处境，危在旦夕，麦克阿瑟似乎已胜券在握。

就在"联合国军"做着美梦的时候，中国人民志愿军秘密过江并迅速向朝鲜战场的纵深开进。为了迷惑敌人，使部队的开进更加隐蔽，志愿军部队晚上行军，并实行灯火管制。

据美国参加过朝鲜战争的人回忆："中国人为了掩蔽他们在第8集团军战区里的部队移动，在鸭绿江以南山区大肆放火，侦察机很难判定敌人的位置，这使志愿军的开进更加神秘。"

在一切有效伪装措施的保护下，志愿军迅速接近预定战区。此时，朝鲜境内，志愿军已有四个军及三个炮兵师、一个高射炮兵团进入战场。

当时的志愿军司令部还未组建，彭德怀司令员没有直接指挥部队，由第13兵团司令员兼政治委员邓华将军，指挥部队向预定地域开进。对于什么时候能与敌相遇，什么时候能拉开大战的序幕，此时还是个未知数。

10月24日，敌先头部队的南朝鲜军第1师已到达宁边，第6师到达熙川以西及温井地区，第8师到达宁远和德川。这时志愿军第40军的先头部队118师和120师已与南朝鲜的第6师非常接近，其余部队也与敌相距20至50公里。迅速北进的敌军完全没有料到已有大批的中国军队在前方等着他们，他们按照感恩节结束朝鲜战争的计划，正信心百倍地奔向鸭绿江边。

朝鲜北部山路崎岖，路面狭窄，被美国空军大面积轰炸后，能行走的道路极少。加之白天美国空军的飞机不断盘旋、轰炸、扫射，对志愿军来说，要白天隐蔽开进，极为困难。

根据战役部署，各部队迅速向预定地域开进。

由温井经两水洞至北镇，是条长20公里、宽约1公里的山谷。这个山谷的两侧是绵延起伏的山地。从平壤至鸭绿江边楚山的公路沿谷地北侧通行。谷地南侧的高地，距公路较远，其高地与公路间沟坎纵横、地形复杂，是志愿军对通过公路之敌发起突然攻击的良好战场。

10月下旬，正值朝鲜初冬，由北镇经温井至云山有一条湍流的九龙江。由于天气变冷，每日清晨至上午九时前，江面水雾弥漫，能见度很差，美军的侦查飞机难以看清地面的情况，给志愿军创造了一个有利的条件。

温井以南至云山之间，云山东侧的玉女峰是最有利的作战地区。如占领玉女峰，就可封锁云山至温井的公路。25日凌晨，志愿军第40军120师360团抢占了玉女峰。

1950年10月25日拂晓，南朝鲜军第1师的先头部队，以坦克为先导，由云山向温井方向北进。7时许，南朝鲜军进至志愿军120师360团的前沿阵地。刚刚进入作战地域，正在构筑工事的志愿军指战员，突然开火，南朝鲜军第1师的先头部队猝不及防，遭到了迎头痛击。这些南朝鲜军，在朝鲜人民军失去抵抗能力后，已经没有任何阻拦，正大踏步向北开进，早已放松警惕，被重重地一击后，便晕头转向，不知哪来的神兵天降，还没闹清被打原因，就迅速撤回云山，查找挨打的原因去了。

就在360团打响战斗后的三个小时，已占领温井的南朝鲜军第6师继续北进。其第2团第3营与一个炮兵连组成的加强营，乘车由温井向北镇开进。其前卫部队进入至两水洞，后卫部队进至丰下洞以北。

前一天,第40军118师师长邓岳、政委张玉华在北镇西北的大洞见到了先期到达这里的彭德怀司令员,金日成首相的统帅部也在这里。彭总见到他们很高兴,当即交代任务说:"你们来了,太好了。我们的人都挤在后面的公路上,上不

志愿军第40军一部在龟头洞地区阻击敌人

来,这里情况很紧急,金日成同志也在这里。你们把部队拉上去,在温井以北一带,准备做个口袋,伺机歼灭一切冒进之敌,打击一下敌人的气焰。你们40军是先头部队,要打头阵,出国第一仗一定要打得漂亮,打出威风,打开局面,打掉敌人的嚣张气焰,掩护我军的集结和展开。"师首长接受任务后,便带领部队向两水洞地区急行军。因为353团、352团还在后面,一时赶不上来,所以,师首长命令前卫团354团占领两水洞以东的丰下洞、富兴洞的有利地形,这一带背面是茂密松林覆盖的群山,南面是滔滔奔流的九龙江。从温井经北镇至楚山的公路东西穿越而过,是敌军北进的必经之地,也是志愿军打伏击的最好战场。

24日夜,我354团行至半下洞地区时,与朝鲜人民军一支炮兵部队相遇。他们是从温井后撤的,并说温井已经陷落。

最先与敌人接触的就是志愿军354团的2营。这股北犯敌人是号称精锐的南朝鲜军第6师第2团。志愿军354团以3营拦头,1营断腰,2营掐尾的战法,把行进中的敌人分成几段。这股敌军并不知道会有阻击他们的部队,乘汽车开过来时,气焰十分嚣张,似入无人之地,汽车上插着旗,士兵们在车上又说又笑。

志愿军2营的指战员们面对此情此景,就想开火。但2营的任务是把敌人放进口袋,把敌团主力堵在口袋外边,不让他解救,保证1营、3营全歼口袋中的敌人。2营战士们虽然急不可待,但也只好听从团里命令。

　　敌人尖兵连和炮兵连的车队从354团8连阵地前沿开过去了。等敌尖兵连到达两水洞与师部侦察连接上火时,团部下令集中火力对敌实施攻击。顿时,在近一公里的地段上,炮火连天,枪声四起。8连将敌尖兵连和其营主力的联系切断,不让其营主力继续西进。当时连里只有轻机枪和六门迫击炮。六门小炮在二百米内正好是有效射程。炮班战士何易清一炮正好打毁了敌人一辆汽车,堵塞了敌人的通道。这门炮后来成为志愿军首战告捷的历史见证。经这样的迎头痛击,敌人顿时乱作一团。乘混乱之际,8连发起了突然冲击,敌兵力还没有展开,火炮还来不及卸架,就被志愿军歼灭了一大部分。志愿军战士高喊着"缴枪不杀、宽待俘虏",而南朝鲜军却听不懂,一个个地往车底下钻,志愿军战士不得不把他们一个个地揪出来。

志愿军某部入朝后,向熙川方向进发

在志愿军1营、3营围歼敌前卫营时，南朝鲜第6师2团主力为解救前卫营，向志愿军2营阵地409.5高地发动了猛烈进攻。特别是4连防守的216高地，敌人用了一个营的兵力进行了十几次的进攻，但都被4连打退了。战斗最激烈的时候，第8班除一名重伤战士外，其余全部壮烈牺牲。在2营的英勇阻击下，敌团主力始终不能前进一步，保证了1营、3营的作战。战斗持续了两个多小时，354团全歼了敌前卫营和一个炮兵中队，俘获了美军顾问赖勒斯，缴获12门大炮、38辆汽车和各类枪支弹药与军用物资。

正当两水洞打得激烈之时，被120师360团打回云山的南朝鲜第一师先头部队，进行短暂整顿之后，开始反攻，企图抢占有利地形，掩护其主力继续北进。360团利用玉女峰的有利地形，坚决阻击敌人，战斗十分激烈。战斗中，第3连班长石宝山子弹打光了，而一小股敌人就要冲上阵地，他抡起两根爆破筒，扑向敌群，与20多个敌人同归于尽。

第2连副班长秦永发看到敌人的坦克横冲直撞，他机智地拿起

志愿军某部在龟城的机枪阵地

爆破筒,巧妙地接近敌坦克,将爆破筒塞进了坦克履带,将坦克炸毁。秦永发也是志愿军中第一个用爆破筒炸毁敌坦克的人,荣获了"反坦克英雄"称号。第5连在打退敌人五次冲锋后,机枪被打坏了,子弹打光了,连长牺牲了,先后有4人代理连长,仍然坚持战斗。360团第1、第3排,打到仅剩12个人时,大家推举在解放战争中荣获战斗模范的杜书生,统一指挥,打退了敌人的连续进攻,守住了阵地。

战斗从早上7时,直打到此日入夜。趁夜幕降临,118师和120师各以两个团的兵力攻占了温井,歼灭温井守敌一部。

后来曾接任麦克阿瑟的"联合国军"总司令李奇微回忆:"中国军队当时就像从地下钻出来的一样。"

1950年10月25日,玉女峰、两水洞、温井所进行的战斗,揭开了抗美援朝战争的序幕。1951年,在抗美援朝出国作战一周年之际,中共中央决定将10月25日,确定为中国人民志愿军抗美援朝纪念日。

英雄屹立在小高岭上

在长津湖畔,据守下碣隅里和古土里的美军部队,开始向志愿军第20军第58师和第60师的阵地展开猛烈进攻,企图打开接应新兴里和柳潭里美军部队的南逃通道。

1950年11月29日拂晓,美陆战第1师在飞机坦克配合下,向下碣隅里东南角1071.1高地发起一次又一次的猛烈冲击。1071.1高地处在新兴里、柳潭里和下碣隅里三岔交点上。据守高地的是第20军58师172团3连3排,指挥员是解放战争就成为战斗英雄的3连连长杨根思。

朝鲜人民为杨根思烈士修建的纪念碑

杨根思是新四军老战士,时年28岁,曾参加过淮海战役,1950年9月出席过第一次全国战斗英雄代表会议,受到毛泽东主席和中央领导的接见。志愿军赴朝参战,杨根思任172团3连连长。杨根思率领3连3排奉命坚守下碣隅里1071.1高地东南方的小高岭。这里是卡住敌人南逃的重要通道,对夺取整个战役的胜利至关重要。

黎明时,天下起了大雪。小高岭上的战士们蹲在用冻土筑成的工事里,脚上的鞋袜早已冻成了冰块,手指也已冻得拉不开枪栓,饥饿更是一阵阵地袭人。

敌人的进攻开始了。密集的炮弹落在阵地上,巨大的爆炸声,尖锐的呼啸声响成一片。弹片、树枝、石块、黑色的雪团……飞溅起来,又被浓烟所掩盖。小高岭已不再是石、土、树木和积雪构成

杨根思烈士墓碑

战士们跨越海拔一千七百多米的雪山,向长津湖挺进

长津郡人民委员会向中国人民赴朝慰问团的团员们讲述杨根思的英雄事迹

的山头,而是弹片横飞、汽油弹燃烧的地方;小高岭不再是原来的标高,而是被削去一层,改变了原貌的山丘。美军爬向小高岭,这些迷信钢铁力量的美军,以为这个小山头是可以轻易占领的。

小高岭上的重机枪首先开火,一颗颗手榴弹准确地在敌群里爆炸。敌人像被割倒的麦子一样,一片片地倒下。敌人的进攻被打退后,又以猛烈的炮火轰击小高岭。小高岭很快笼罩在烈火滚滚的浓烟中。敌人在坦克的掩护下又一次冲了上来,随着手榴弹的爆炸声,杨根思带领战士们冲入敌群,枪声、刺刀的格斗声和喊杀声响成一片。而杨根思的声音压倒了所有的声响:"为了祖国,为了朝鲜人民,冲啊!"

在混战中,又有一批敌人涌了上来。机枪手在敌群中中弹牺牲了,3排副排长在用枪托砸烂敌人的脑壳后也倒了下去。志愿军战士们越战越勇,如猛虎下山一般杀向敌群。敌人的进攻又失败了,他们一批批地被歼灭在小高岭阵地前。随着人员和弹药的减少,杨根思和战士们知道更惨烈的战斗还在等着他们。

敌人的进攻又开始了,8班长一手端着自动步枪,一手拿着手榴弹跳出工事,他一边射击一边投掷手榴弹,在冲杀中,8班长中弹牺牲。战士刘玉亭见此情景,一把扯去包扎在头上的纱布,端起机枪,站起来一阵猛射。这时,一颗炮弹在他的身边爆炸,被弹片击中的他使出浑身的劲,打完了最后一颗子弹。

烟雾里,重机枪排排长向杨根思报告:"机枪子弹打光了。""人呢?""除了我,还有一个负伤的射手。""你们撤下去。"杨根思命令道。"那你呢?"排长问道。杨根思说:"我留下坚守阵地,有我在,就有阵地在,你们快撤,这是命令。"

小高岭在片刻的宁静后,又响起了巨大的枪炮声,敌人又发动了第九次冲击。此时,已负伤的杨根思抱着阵地上仅有的一个5公斤炸药包,静静地等待着。只见四五十个敌人叫喊着涌了上来。杨根思猛然拉燃导火索,从阵地上一跃而起,抱着点燃的炸药包冲入敌群……随着一声惊天动地的巨响,冲上来的敌人被消灭了。杨根思用他年青的生命守住了阵地。

杨根思,是中国人民志愿军第一位特等功臣和特级战斗英雄,也是第一位"朝鲜民主主义人民共和国英雄"。

志愿军领导机关命名杨根思生前所在连为"杨根思连",这是部队首长向杨根思连授旗

活着的志愿军"烈士"

在抗美援朝战争中,曾发生过许多传奇的故事,有一些在战场上已经被确认为烈士的战士,却因种种原因而有幸活了下来。他们当中如李玉安、井玉琢、柴云振等等。

1985年10月,"中国人民志愿军战斗英雄代表团"访问朝鲜,代表团应邀参观朝鲜祖国解放战争纪念馆。在纪念馆的志愿军展厅里,庄重陈列着一幅志愿军烈士的遗像,讲解员正在用流利的汉语介绍这位英雄的事迹。

特等功臣、一级英雄柴云振

讲解员说:"那是第五次战役朴达峰阻击战中,志愿军第15军45师134团8连班长柴云振,孤身斗敌,连续夺回三个阵地……"讲到这里时,代表团的负责人打断了讲解员的讲解,指着一位老者说:"你知道这是谁吗?"看到讲解员惊异的眼神,这位负责人说:"这就是柴云振,他没有牺牲。"讲解员马上说道:"对不起,这位中国人民的优秀儿子他还活着,而且就在我们中间,让我们大家向他致敬!"人们的目光一起投向了柴云振。这是一位身材清瘦,衣着简朴的老人,并不像身经百战的大英雄。然而,他就是著名的志愿军特等功臣、一级战斗英雄柴云振。许多著名的战斗英雄如黄继光、孙占元等还是喊着"为柴云振报仇"的口号冲上阵地的。人们纷纷向柴云振点头致意,以表达他们对英雄的钦佩之情。这就是1985年10月,发生在朝鲜平壤祖国解放战争纪念馆内的一幕。

现在让我们回到炮火连天的战争岁月,听一听柴云振同志在战场上的战斗故事吧。

志愿军先头部队渡过临津江后,抢占制高点绀岳山

那是1951年的5月,抗美援朝战争进行第五次战役。"联合国军"组织了13个师的兵力,向志愿军防御阵地发起攻击。柴云振当时是志愿军第45师警卫连1排班长,他们师的任务是掩护主力兵团转移。为保证主力部队安全转移,45师必须坚守阻击敌人10天。阻击战中的芝甫里地区战略要地的朴达峰战斗打响了。这场战斗打得异常惨烈,一天、二天、三天……"联合国军"伤亡惨重,而志愿军也付出了巨大的代价。战斗进行到第八天,守卫朴达峰阵地的一个连仅剩一名卫生员。敌人爬上了朴达峰阵地,并向营部逼近,情况十分危急!

守卫在师部门前的柴云振,不时地听到前线的战况,当他听说前线阵地失守了,心里非常着急。他忍不住跑到政委叶济峰面前,软磨硬缠要求上前线。最终,叶政委答应了他的请求。阻击战的第8天下午3时,柴云振带领郭忠堂、王富贵、周辅清三名战士,到达了朴达峰阵地的前沿。现在他已是3营8连7班班长了,带领三名战士立即投入了战斗。占领朴达峰阵地的敌军,为了防止志愿军的反击,布下了密集的火力。

在枪林弹雨中柴云振和战友们利用分散偷袭的战术,很快攻

志愿军在炮火掩护下抢占临津江滩头阵地

下了敌人的6个高地。敌人集中火力,企图阻止他们的攻势。战壕工事中子弹横飞,掀起的尘土落满了柴云振的身上和头上。柴云振清点了一下人数,一名战士已经牺牲,只剩下他和两名战士了。朴达峰的主峰阵地就在眼前,柴云振观看一下地形,正面强攻肯定不行了,只有从背后的悬崖攀登上去,才能智取敌人。想到此,他让周辅清掩护,自己敏捷地跃出了工事。躲过了敌人的火力后,柴云振来到主峰的背后。抬头一望,主峰的背后是悬崖和峭壁。要想空手爬上山顶谈何容易,况且这时天空又下起了细雨,柴云振顾不得多想,只有一个念头:"夺回阵地!"他将卡宾枪背在身后,双手抠住石缝,奋力向上攀登。此时,他每攀登一步都要使出全身的气力。手指磨破了,血水加上雨水顺着胳膊往下流。他咬紧牙关,拼命向上攀登,终于到达了山顶。这时的他已经没有丝毫的力气了。就在他喘息的时候,突然听到一阵"嘟嘟"的声响,是发报机。他马上意识到敌人就在附近。他艰难地爬行,寻找发出声音的地方。顺着声音,他摸到了一个临时搭起的帐篷前。站岗的美军突然发现了他,嗷嗷乱叫着,同时抬起了手中的自动步枪。说时迟,那时快,柴云振飞身上前，用枪托打倒了这个哨兵，随后他掏出手榴弹，拉开导火索，投进敌人帐篷。"轰"的一声巨响，敌人也不知哪来的天兵天将，顿时吓得乱作一团。柴云振趁机端起枪，向敌人射击。由于敌人的注意力都被这突如其来的袭击吸引过来，在山前的周辅清起身，向主峰山顶奔去，此时正在向下逃跑的敌军和周辅清打了个照面。周辅清开枪射击，在打死两个敌人后，终因寡不敌众，中弹牺牲了。

一阵混乱后，缓过神来的敌人发现，对手似乎没有几个人，又开始向主峰高地反攻。这时的高地上只剩下柴云振一个人了。柴云振抱起敌人遗弃的机枪居高临下，横扫敌群。敌人被打得节节败退，连续打退敌人多次进攻。战斗不知进行了多长时间，柴云振在激战中身负重伤，当他听到隐约的军号声和战友们的呐喊声时，他知道他守住了阵地，在战友们冲上阵地时，他倒下去了……

柴云振战斗小组在这场战斗中，共夺回朴达峰三个主阵地，歼敌200余名，缴获机枪5挺，电台一部。仅柴云振一人就歼敌100

中朝部队于1951年4月22日，向敌军发起第五次战役

中朝战友并肩作战围歼县里之敌

余人,包括一名美军指挥官。

　　冲上阵地的后续部队,发现柴云振还有一点气息,就用担架送到了后方医院,此后便没了消息。由于柴云振是从其他部队派到这个阵地上的,部队以为阵地上的人都牺牲了,就为柴云振及另外几名战士开了追悼会,把柴云振的事迹上报志愿军领导机关,在志愿军部队宣传柴云振的事迹。

　　1952年中国人民志愿军领导机关授予柴云振"一级战斗英雄"称号,记特等功。

　　二十几年后,中国人民解放军总政治部编写《英雄传记》,在采访中,原志愿军45师警卫连战士孙洪发,提供了一条线索,他说:"柴云振没有死。"此事传到了中央军委,曾任第15军军长的秦基伟指示:"必须千方百计找到柴云振。"据孙洪发回忆,当时他随增援部队冲向朴达峰时,柴云振已奄奄一息,他背着柴云振找到了担架队,担架队将柴云振抬到了后方医院,以后就没了消息。

　　在有关部门的共同努力下,1984年,终于查到了柴云振的下落,而此刻的他,早已是一个朴实的农民了。几十年来,他一直默默无闻,除了给自己的儿女讲述过自己的战斗经历外,从没向外人宣扬过本应自豪的壮举。那年他死里逃生,在医院中,被误编排在其他部队的伤员里。返回祖国后,住在内蒙古包头医院。伤愈后,组织上给他定了三等乙级残废,发了500斤大米作为安家费,让他返回了故里。

  1984年9月20日,柴云振老人应邀在儿子的陪同下,来到了当年的部队,经部队核实认定,柴云振正是当年威震敌胆的战斗英雄。在中国人民志愿军赴朝参战35周年之际,柴云振有幸随代表团访问朝鲜,于是,就上演了朝鲜祖国解放战争纪念馆内的一幕。

浴血松骨峰

2000年10月,著名作家魏巍同志,应邀到丹东参加"纪念中国人民志愿军赴朝参战50周年"活动,他来到抗美援朝纪念馆,在一座黑色的大理石碑廊前,凝神静思。那上面镌刻的是他50多年前写的一篇著名的战地通讯——《谁是最可爱的人》。其中有一段最为惨烈的战斗描述,让人惊心动魄。

"还是在二次战役的时候,有一支志愿军的部队向敌后猛插,去切断军隅里敌人的退路。当他们赶到书堂站时,逃敌也恰恰赶到

冲上山头歼灭守敌

那里，眼看就要从汽车路上开过去。这支部队的先头连（3连）就匆匆占领了汽车路边一个很低的光光的小山岗，阻住敌人，一场壮烈的搏斗就开始了。敌人为了逃命，用32架飞机，10多辆坦克和集团冲锋，向这个连的阵地汹涌卷来。整个山顶都被打翻了。汽油弹的火焰把这个阵地烧红了。但勇士们在这烟与火的山冈上，高喊着口号，把冲上来的敌人打死在阵地上。可是敌人还是要拼死争夺，使自己的主力不致覆灭。激战整整持续了八个小时，最后，勇士们的子弹打光了。蜂拥上来的敌人，占领了山头，把他们压到山脚。飞机掷下的汽油弹，把他们的身上烧着了火。这时候，勇士们仍然不会后退，他们把枪一摔，身上、帽子上冒着"呜呜"的火苗向敌人扑去，把敌人抱住，让身上的火，把要占领阵地的敌人烧死……据这个营的营长告诉我，战后，这个连的阵地上，枪支完全摔碎了，机枪零件扔得满山都是。烈士们的尸体，做着各种各样的姿势，有抱住敌人腰的，有抱住敌人头的，有卡住敌人脖子，把敌人揿倒在地上的，和敌人倒在一起，烧在一起。还有一个战士，他手里还紧握着一个手榴弹，弹体上沾满脑浆，和他死在一起的美国鬼子，脑浆崩裂，涂了一地。另有一个战士，他的嘴里还衔着敌人的半块耳朵。在掩埋烈士们遗体的时候，由于他们两手扣着，把敌人抱得那样紧，分都分不开，以致把有的手指都折断了……这个连虽然伤亡很大，但他们却打死了三百多敌人，特别是，使我们部队的主力赶上，聚歼了敌人。

这就是朝鲜战场上一次最壮烈的战斗——松骨峰战斗，或者叫书堂站战斗。作家描述的这次战斗，是志愿军第38军112师335团在抗美援朝第二次战役中的一次阻击作战。

松骨峰位于朝鲜价川以南、龙源里以北约1公里处，是军隅里通往平壤公路上的咽喉。松骨峰是个半土半石的小山。与"联合国军"向南逃跑的两个重要通道三所里、龙源里形成鼎足之势。它北通军隅里，西北可达价川。其主峰高288.7米，主峰以东约100

多米,是被围敌人撤退的公路。

第二次战役打响后,"联合国军"与南朝鲜军在清川江前线被志愿军采取诱敌深入的战法,而陷入被围歼的境地。受重创的敌军乘汽车从新兴洞南逃。志愿军第38军112师335团奉命抢占松骨峰,与三所里、龙源里的志愿军第113师一起,对敌进行阻击,配合兄弟部队展开围歼。

11月30日,在这个叫作松骨峰的地方,展开了一场激烈的阻击战。

趁着夜晚,335团冲破美军的炮火封锁,在书堂站一带展开了部署。335团团长范天恩命令1营占领松骨峰。

清晨,335团的1营3连抢占了松骨峰。这时,从军隅里南撤的美第2师,以其高度的机械化,顺着通往平壤的公路,一路烽烟,狼狈南逃,远远望去,汽车、坦克、大炮在公路上一望无际,潮水一般。

范天恩知道这是一场恶仗。

3连刚爬上松骨峰,还没有来得及修工事,大批的美军就顺着

在军隅里战斗中,战士们冲向敌阵地

志愿军沿清川江追击敌人

公路开过来了。面对公路上一眼望不到边的美军，经过几天行军的3连战士们立即把饥饿和疲劳忘得精光。

3连最前沿的是8班。在美军距8班阵地只有20米距离的时候，8班的机枪手杨文明首先开火，立即把第一辆汽车打着了。枪声一响，排长王建候带领5个战士冲上了公路，火箭筒射手向坦克射击，手榴弹一颗颗地飞向敌人的汽车。这时，5班的爆破组也把第二辆坦克打着了，汽车和坦克堵塞了公路，车上的美军士兵调头往回跑。

遭到打击后，美军立即组织向松骨峰进攻，企图打开这条通道，向南撤退。

战斗打响之后，范天恩担心阵地上的工事还没有修，士兵会伤亡很大，命令2营用机枪火力支援3连，以减轻前沿的压力。

美军的飞机疯了一般，擦着中国士兵的头顶把大量的炸弹和燃烧弹投下来，3连的阵地上弹片横飞，烈火熊熊。

美军士兵冲上来了。

营长王宿启立即命令左侧的1连从侧面出击，1连战士端着刺刀与美国士兵展开了肉搏战。这些依赖坦克、大炮,并用惯了卡宾枪的美国大兵,哪见过这阵势,几个回合,便被刺刀逼退下去。左侧不行,美军又改为从3连的右侧攻击。而右侧2连的战士们也端着刺刀扑了上去。就这样,3连在正面阻击,1连和2连在侧面支援。在激烈的拼杀中,1连和2连的伤亡巨大。

美军向松骨峰前沿攻击的兵力还在成倍地增加。

112师师长杨大易焦急地站在师指挥部的山头上,关注着3连的方向。他看见从药水洞到龙源里的公路上全是美军的汽车和坦克,多得根本看不到尽头。

美军第4次冲锋是在阵地上的大火烧得最猛烈的时候开始的。美军士兵已经冲上4班的阵地。机枪被烧弯,已不能射击。机枪手李玉民从战友的遗体上拿起步枪向美军冲去。他的腿被子弹打穿了,他便用一颗子弹塞进伤口止血,然后就与敌人拼刺刀。

中午,坚守松骨峰的3连只剩下不到一半儿的人了。

3连的阵地始终处在美军的南北夹击之中,南逃的美军和北上增援的美军有时几乎"会师"。战后美第2师的军官回忆道:"我们甚至看见了增援而来的土耳其坦克上的白色的星星。"但是,在3连打到全连官兵所剩无几、弹药已经用尽的情况下,南北两边的美军始终没能会合。

下午,攻击松骨峰阵地的美军开始第五次冲击。

由于担任主攻的志愿军部队对美军的合围越来越紧,美军的命运已经到了最后时刻。参加攻占松骨峰冲锋的美军增加到上千人,美军出动了飞机、坦克和火炮,向这个公路边的小山包进行了长达40分钟的猛烈轰炸。3连的阵地已经被炸得没有任何工事可以藏身了,战士们蹲在弹坑里,然后突然冲出来,向爬上来的美军射击。

随着美军的冲击一次次被打退,美军投入冲击的兵力越来越多,而在松骨峰阵地上的3连可以战斗的人却越来越少了。排长牺牲了,班长主动代理,班长牺牲了,战士主动接替。指导员杨少成的子弹已经打光了,他端着刺刀冲向敌人,当数倍于他的美国士兵将他围住的时候,他拉响身上剩下的最后一颗手榴弹,喊了一声:"同志们,坚决守住阵地!"然后在手榴弹爆炸之际和敌人抱在一起。战士们看见指导员的英勇壮举,他们呐喊着:"冲呀!打呀!"向已经涌上阵地的黑压压的美军冲过去。

　　这是3连的最后时刻,也是那些亲眼目睹了松骨峰战斗的美国人记忆最深的时刻。多年后他们回忆:"没有子弹的中国士兵腰间插着手榴弹,端着寒光凛凛的刺刀无所畏惧地迎面冲了过来。刺刀折断了,他们就用拳头、用牙齿,直到他们认为应该结束的时候,他们就拉响了身上的手榴弹。"共产党员张学荣是爬着向敌群冲上去的,他已经身负重伤,没有力气端起刺刀,他爬到美军中间,拉响了四颗手榴弹。一个叫邢玉堂的中国士兵,被美军的凝固汽油弹击中,浑身燃起大火,他带着呼呼作响的火苗扑向美军,美军在一团大火中只能看见那把带血的刺刀。美军士兵在这个"火人"面前浑身僵硬,邢玉堂连续刺倒几个敌人,在他生命的最后时刻,

志愿军在龙源里勇猛追击"联合国"军

他紧紧抱住一个美国兵,咬住这个美国兵的耳朵,直到两个人都烧成焦炭。

美军的第五次冲击失败了。松骨峰上的3连阵地,只剩下了七个活着的中国士兵。

松骨峰阵地,依然在中国士兵手中。

就在这天黄昏,335团全团出击。同时,在各个方向围歼美军的志愿军部队,也开始了最后的总攻。

松骨峰战斗结束后,作家魏巍和112师师长杨大易一起走上了3连的阵地,作家将看到的一幕写进了他的战地通讯《谁是最可爱的人》。

第39军大战云山

云山,位于朝鲜平安北道,清川江以北,南临宁边,北部与温井接壤。云山并不是一座山,而是一座约有千户人家的小城,也是朝鲜云山郡的首府。云山虽不是山,但这个小城的周围却群山环抱,林木茂密。云山地区河流纵横,山高谷深。这个不算大的小城是朝鲜北部的交通枢纽,由平壤通往鸭绿江边的楚山、碧潼、朔州等地的公路都从这里经过。从其战略地位上看,可谓兵家必争之地;就地形地势而言,可谓地势险要,易守难攻。

1950年10月25日,南朝鲜第6师、第1师正在向北推进,不料,遭到正在开进的志愿军部队迎头痛击。在交火中,他们发现与之作战的已经不是朝鲜人民军了。这些土里土气的兵,打起仗来不要命,具有极强的战斗力。通过各方面的情报确认,发现是中国军队入朝了。这个消息很快传遍南朝鲜军部队和"联合国军"部队。但正处稳操胜券美梦中的"联合国军"总司令道格拉斯·麦克阿瑟还没有清醒过来。他从最初错误地认为中国不可能出兵,等发现中国出兵后,他又想当然地认为中国是"象征性"出兵,兵力不过4万到5万人而已。出兵的目的,也只是为了保护为中国东北地区提供电力的鸭绿江水电站。这种自以为是的错误估计形势,可证明美军及其指挥官已经狂妄到了极点。大踏步向北推进的"联合国军"和南朝鲜军,继续执行着总司令提出的感恩节前结束朝鲜战争的计划。

然而，这只是麦克阿瑟一厢情愿罢了，彭德怀及其所率领的中国人民志愿军绝不会因为麦克阿瑟的狂妄而改变行动计划。彭德怀司令员按照第一次战役的部署，指挥部队向朝鲜的纵深进发。

在两水洞、玉女峰战斗揭开抗美援朝战争的序幕后，中国人民志愿军乘胜追击，又经过龟头洞、龙谷洞、古场等战斗，歼灭了南朝鲜第6师大部和南朝鲜第8师两个营。至10月28日，东、西两线志愿军主力已按照彭德怀司令员的部署，进至古军营洞、塔洞、泰川、云山、温井、熙川一线，完成了战役展开。到29日，志愿军第39军从东北（马场洞）、西北（鹰峰洞）、西南（龙兴洞）三面向云山压缩，包围了南朝鲜第1师。为大战云山，做好了充分的铺垫。

此时的"联合国军"和南朝鲜军，还不知道志愿军已经摆开阵势，正等着他们送上门来。10月31日，美24师进至泰川、龟城，并继续向鸭绿江边的朔州前进；英27旅进至定州、宣川，向新义州前进；美骑兵第1师从平壤向云山、龙山洞地区开进，增援被包围的南朝鲜第1师。

针对敌人的行动，彭德怀下令："第38军迅速歼灭球场之敌，尔后，沿清川江向新安州方向突击，切断敌人退路；第40军主力迅速突破正面之敌，包围宁边，从南面与第39军合围南朝鲜第1师；第39军于11月1日晚，向云山之敌发起攻击，如进展顺利，攻占云山后，向云山以南的第40军靠拢，协同第40军围歼龙山洞地区美骑兵第1师。此外，还有刚刚入朝的第66军一部于龟城钳制美24师，第50军主力进至新义州东南，防敌西进。"

第39军军长吴信泉令其所部的三个师，于11月1日19时30分向云山发起攻击。全军将士立即进入战斗状态，就等一声令下，向敌发起攻击。正在战斗一触即发的时刻，却出现了新的情况。15时30分，侦察分队报告，被围的南朝鲜第1师有撤退的迹象。第39军首长研究决定，这到了手的肥肉怎么也不能让它溜了，令部队提前发起进攻。

我志愿军于11月2日攻克云山，沉重地打击了美国和南朝鲜侵略军，这是我志愿军某部4连战士向敌阵地冲锋

16时40分，军长吴信泉向全军发出向云山之敌发起总攻的命令。第39军遂以八个步兵团，并在炮兵火力的支援下，向云山之敌发起猛烈攻击。云山周围，顿时枪炮轰鸣，杀声四起。志愿军从云山城周围各个方向，向敌人发起了全线进攻。战斗打响后，116师由西北方向攻击前进，直取云山；117师由东北方向云山以东三巨里进攻，配合116师作战；115师在云山西南阻击可能逃跑之敌，并阻击敌人从龙山洞方向增援；116师英勇作战，先以两个团的兵力，在距云山3公里的地区，向云山攻击前进。

在激烈的战斗中，他们才发现，正在和他们交战的哪里是南朝鲜的第1师，分明是现代化装备的、长着大鼻子的美国兵。

当军部得知这一消息后，身经百战的吴军长还真的捏了一把汗。这位将军经历过无数的大小战役，他最了解他的部队。他所指挥的志愿军第39军，有着光荣的历史。这支部队是人民解放军中一支声名显赫的部队。它的前身是工农红军第25军，后改编八路军第344旅,八路军南下支队,新四军第3师,在抗日战场上屡建奇功。解放战争期间,该师千里挺进东北,改称东北民主联军第2纵队,后改为中国人民解放军第39军,从白山黑水一直打到中国西南边陲的镇南关。第39军可谓第四野战军的一把攻坚尖刀,具有极强的战斗力。朝鲜战争爆发后,第39军奉命北上,驻防中朝边境。10月19日作为第一批入朝参战的志愿军部队跨过鸭绿江。按说吴军长对自己的部队是放心的,但他也知道这支部队,没有同美军作战的经验。

抗美援朝战争是在我们国家刚刚建立,国力较弱、百废待兴的时候开始的。我们的军队装备落后,供给差,没有同现代化装备的敌人作战的经历。而当时的美国在军事、经济上都可称为世界上的强国。在我们国家不论社会上还是军队里,恐美情绪不是个别现象。此外,由于经济的关系和历史原因,亲美、崇美的也大有人在。对此,党中央也充分估计了形势,有针对性地开展教育。在中国人民保卫世界和平反对美国侵略委员会的部署下,在全国范围内开展了仇视、鄙视、蔑视美帝国主义的教育,这便是针对恐美、亲美、崇美思想而开展的教育。

中央军委及毛泽东主席对打好出国第一仗也极为慎重,几次电令:"首战一定要对准态势突出而战斗力较弱的南朝鲜第2军团。""第一个战役须确定以歼灭南第1、第6、第8三个师为目标,分为几个大小战斗完成,然后再打美军。"对此吴信泉非常清楚,这出国第一仗极其关键,与美军作战也得非常慎重。然而,开弓哪有回头箭,美国兵已经撞到枪口上了,打吧!事后得知,他们的对手是帕尔莫上校指挥的美第8骑兵团。

这美第8骑兵团非同小可,它称为骑兵团,但并不骑马,而是高度现代化的机械化部队。第8骑兵团是美骑兵第1师的一部。骑兵第1师是华盛顿时代的"开国元勋师",鉴于它的荣誉和战功,至今仍留着"骑兵"的番号。他们的徽章、汽车、坦克以及重兵器,都印有马头标记。骑兵第1师装备精良，训练有素，并能征善战。美军的师级建制，在兵力和装备上，实际上要比志愿军的一个军占优势的多。骑兵第1师拥有兵力1.6万人，辖三个旅，是一支高度机械化部队，号称建国以来没打过败仗。美国统治集团一直把这个师当成一张"王牌"。而第8骑兵团正是骑兵第1师的一只"重拳"，这次第8骑兵团是开路先锋。对于已经处于激烈作战的志愿军战士，已经顾不上对手是谁了，南朝鲜军也好，美军也好，其他国家的军队也好。骑兵第一师也罢，开国元勋师也罢，对志愿军战士而言，他们只有一个信念和目标，完成上级下达的作战任务，消灭被围之敌。战斗迅速升级，一个南朝鲜军指挥官告诉帕尔莫上校："云山周围已经布满了中国军队，你们应该小心应付。"帕尔莫一笑置之，说："中国人？就是那些黄种人吗？他们也会打仗？"当帕尔莫手下的参谋要求向师部报告云山周围的情况时，帕尔莫傲慢地说："枪声未响，先打报告，这不是骑兵第1师的风格。"帕尔莫不相信中国军队有胆量挑战美军王牌部队，并与美军的飞机、大炮、坦克较量。正是这种傲慢轻敌，埋下了失败的祸根。志愿军第39军

我志愿军战士沿着云山街道追歼逃敌

真正地进行了一次王牌与王牌的较量。

正当116师官兵攻击前进之时,敌阵地的一挺机枪猛烈的火力,拦住了志愿军冲击的道路。116师347团2连战士张生,机智地绕到敌人阵地的背后,突然出击,将敌人的机枪手连同机枪一起推下悬崖,为部队的前进打开了通道。

第39军乘胜追击,以3个团的兵力,齐头并进,其尖刀第4连一举突入云山城里。美军一下乱了阵脚,以坦克横冲直撞,企图掩护满载美军士兵的10余辆卡车逃跑。副班长赵子林在战友们的掩护下,用爆破筒炸毁了坦克,主力部队陆续突入城里,卡车上的美军被歼的被歼,被俘的被俘,已失去了抵抗的能力。

这时云山城内已经陷入混乱之中。116师346团4连攻到云山公路大桥时,守桥的是美骑兵第1师8团3营的一个连。警戒该桥的美军士兵可能认为4连是南朝鲜军队,没有查问就让他们通过了。接下来发生的事情,在美军的战史资料中有一段记述:"中国士兵通过桥梁的时候甚至还和美军握了一下手,纵队通过桥以后一直在干道上北进,不久接近了营部。突然间吹起了军号,士兵们一

云山战斗中被我俘虏的美军官兵

在云山战斗中，乘车逃跑的美军军官被我俘虏

齐向骑兵第8团第3营营部射击。3营营部立即混乱起来，中国士兵成扇面队形展开，营部周围一片厮杀。"

经过激战，116师于2日3时完全占领云山城。此后，又以一个团的兵力向云山东南的上九洞方向进攻，占领敌人的飞机场，缴获飞机4架。此时的117师从东北方向云山以东的三巨里进攻，围歼南第1师第12团一部，于2日凌晨与116师会合。

担任断敌退路任务的115师主力于2日拂晓在云山以南渚仁桥截住并包围了由云山撤退的美骑兵1师第8团直属队和第3营，共700余人。敢在世界上号称常胜不败的美军，从未经受过这样的惨败，根本不肯服输。被围的美骑兵第3营，在飞机、坦克支援下奋力突围，他们致死不相信，那些装备极差的中国军队有这么强的战斗力。然而，事实让他们感到很无奈，他们的一次次突围，均被第115师击退。这时，位于云山以南博川地区的美骑兵第1师第5团，在这危机时刻，挺身而出，想拉兄弟们一把。骑兵第5团全力北上，想把第3营解救出来。谁料，云山西南担任阻援任务的志愿军第115师343团正在路上等着他们呢。经过激烈的交火，美骑

在云山战斗中缴获的美军装甲车

兵第5团损失一部，团长在混战中被志愿军击毙。残敌知道自身难保，已无心救援，便狼狈退逃。3日晚，被围的美第3营疲惫绝望，115师乘势发起猛烈进攻，将其全歼。

美骑兵第3营的遭遇被美国J·劳唐·柯林斯记入《和平时期的战争——朝鲜的历史和教训》一书中："11月2日下午一点钟，一支中国军队切断了云山东南方向第8骑兵团所属第1营和第2营的退路。到黄昏时分，这两个团已陷入重围。第1营、第2营有几伙人和几股人马在付出沉重代价的情况下，冲出了中国军队的包围圈，但第3营的大部官兵仍被中国人锁在他们的包围圈之内。哈罗德·K·约翰逊上校指挥第5骑兵团力图打开共军的包围，救援3营，但所有努力都失败了。11月2日傍晚，米尔本将军在与盖伊将军磋商后，认定要派部队救出第3营已是很不现实的事情了。美骑兵第3营在严重减员，防御阵地日益缩小的情况下，苦撑两天两夜，一些还活着，并能走动的士兵在少数军官带领下，利用中共军队总攻前炮火准备的烟幕作掩护，溜出了防御阵地，向东突围……但在风雨中跋涉了一整夜之后，第二天他们又被中共军队包围了……

11月6日，第8骑兵团所属第3营作为一个建制部队已不复存在了，它已壮烈地消失了。"

  到11月3日夜，这场志愿军入朝后第一次与美军的大战，以志愿军的胜利而宣告结束。

  云山之战，可以说是中美两军现代史上的第一次交锋，号称"王牌军"的美骑兵第1师遭到沉重打击，美军的嚣张气焰被削弱，打破了麦克阿瑟提出的感恩节前占领全朝鲜的计划。同时，鼓舞了志愿军的士气，增强了打败侵略者的信心，并取得了同美军作战的经验。

英军皇家重坦克营的覆灭

1951年1月,中国人民志愿军和朝鲜人民军突破三八线后,开始向汉城挺进。"联合国军"开始全线撤退,志愿军在高阳地区展开了一场追击战。为了能安全逃走,美军令他的盟友英国皇家重坦克营在议政府地区担任掩护,阻止志愿军的追击步伐。

为了粉碎敌人的逃跑计划,志愿军领导机关决定,先消灭皇家重坦克营。

英军第29旅的皇家重坦克营,是英军的装甲劲旅,也是"联合国军"的手中王牌。它装备性能优越的丘吉尔重型坦克,在朝鲜战场上曾经是美军的重要帮凶。但在高阳之战中,英国皇家重

我志愿军某部将在高阳地区掩护撤退的美国第29旅皇家坦克营全歼,缴获和炸毁坦克20余辆,装甲车1辆,汽车24辆,俘敌200多名

狼狈南逃的侵略军丢弃的武器装备

坦克营却运气不佳，做了美军的替罪羊，被志愿军第50军149师446团全歼。

第三次战役打响后，志愿军首先突破"联合国军"防线——三八线，"联合国军"于1月2日开始全线崩溃。英军29旅皇家重坦克营和来复枪团1营取道高阳向汉城逃跑。志愿军第50军149师446团在碧碲里歼灭了美军一个营，尔后，在高阳东南的仙游里，切断了皇家重坦克营的后援。

当英国人发现自己被包围，一面骂美国人的不义，一面凭借现代化的装备，加快速度撤退，把志愿军追击部队远远地甩在身后。志愿军446团以顽强的毅力，仅凭两条腿，沿着荒僻的山道，与英国的重型坦克展开了速度竞赛。

1月3日晚，志愿军先头部队终于赶在皇家重坦克营的前面，在佛弥地截断了英军29旅皇家重坦克营和来复枪团1营的退路。为了全歼皇家重坦克营，志愿军149师决定利用英军坦克夜间行动困难的弱点，发挥我军夜战、近战的优势，以我之长，击敌之短。

149师446团官兵冒着零下30多度的严寒，埋伏在英军南逃的公路两侧。

19时30分，英军皇家重坦克营的31辆坦克以及装甲车、卡车、炮车闯进志愿军149师446团的伏击圈。战斗开始，战士们的手榴弹、炸药包、爆破筒蜂拥而上，一起飞向敌坦克群。英军坦克在突然袭击下，顿时乱成一团，东奔西突，找不到逃跑的出路。公路上顿时火光熊熊，皇家坦克一辆辆被炸成废铜烂铁。这时，第2营官兵集中火力，击毁了英军后面的两辆坦克，堵住了英军的退路。紧接着又连续报销了英军5辆坦克，那些英国皇家军队引以为自豪的先进坦克，在志愿军那些并不先进的打坦克武器面前，失去了往日的威风。

志愿军官兵们越战越勇，英军坦克群乱成一团。在近两平方公里的战场上，志愿军猛烈进攻，爆破队员运用炸药包、手雷、爆破筒，机智灵活地靠近英军坦克猛打、猛炸，甚至跃上英军坦克，掀开盖子投弹。

机枪班副班长李光禄机智勇敢地将两个爆破筒塞到一辆英军坦克的履带中间，随着两声巨响，英军坦克便趴了窝。

美军丢弃的大炮

被我俘虏的英国第29旅皇家重坦克营的官兵之一部

  副排长陈春贵从侧面抓住一辆英军坦克履带上的铁栏杆，敏捷地跳上坦克的护板，从坦克顶盖缝隙射出的微光中，看到了几个惊慌失措的英军，他果断地拉开顶盖，将两颗手榴弹塞了进去，坦克被炸得"跳"了起来。

  战士彭清玉借着敌机照明弹的亮光，手握爆破筒向运动中的英军坦克冲去，不幸被敌人发现，坦克机枪击中了他。彭清玉拼死一搏，他用尽平生力气，追上了坦克，把爆破筒塞进了坦克履带，一团火焰在他眼前闪过后，英军坦克被炸毁了。

  战士李为经发现一辆滚滚而来的坦克护板上有几个英军士兵，他奋力将手榴弹投了过去，护板上英军报销后，他又飞身跃上坦克。这时，炮塔中伸出一支喷着火舌的卡宾枪，李为经用力拖住了枪身，敌人突然松手，坦克又猛然加油，想把他甩下坦克。李为经把手雷塞进炮塔，英军坦克没跑出100米，就被炸毁了。

  英军坦克被纷纷炸毁，坦克兵伤亡惨重，整个山谷火光冲天，爆炸声响彻山谷。

  英军坦克全被堵在公路上，5连的战士冲上公路，爆炸声、射击声、喊杀声在公路上交汇在一起。英军坦克兵意识到坦克已无法机动，便纷纷爬出坦克逃命，见到冲上来的志愿军战士，有的英军躲到坦克底下装死，有的双膝跪地举起双手，有的一手举枪，一手举起事先准备好的投降证。

这时，英军第三批坦克开了过来。一名战士跑上来报告，他发现一辆装甲战防车上插着一根天线，里面有发报的声音。这可能是英军重坦克营的指挥车，敌人也许正在求援。5连3排战士王新元把机枪架在桥左侧的公路旁，让过英军装甲战防车的正面，向装甲战防车侧面猛扫，英军装甲战防车慌了手脚，猛一掉头，窜下沟里，车上的炮身撞进路旁的一个稻草堆里，一时进退不得，英军以强大火力负隅顽抗，很快被我军机枪压了下去。战士们端着闪闪发光的刺刀围了上去，战士李为经用英语喊话，敌人乖乖地钻出战防车，举起了双手，其中有一名是少校队长。

英军指挥车被俘后，其余坦克群乱了套，不分东西南北，到处乱闯，战士们的炸药、爆破筒用完了，还有几辆英军坦克做垂死挣扎，他们用坦克炮、机枪、卡宾枪、火焰喷射器盲目地射击、喷火，在

我志愿军缴获敌人大批步枪和卡宾枪

坦克周围构成了一道严密的火网,战士们无法靠近。

战士们在没有炸药包和爆破筒的情况下,冲上英军坦克揭开坦克盖子,把手榴弹塞进去。还有的战士爬上英军坦克,用枪托敲打坦克炮塔,大声叫喊敌人出来投降。

英军被打傻了,纷纷从坦克中伸出双手投降,战士们见到敌人的手就往外拖,后来在一辆坦克中还拖出一条洋狗。英军皇家重坦克营的官兵和他们的洋狗都成了志愿军的俘虏。

经过2个多小时的激战,志愿军149师446团,全歼了皇家重坦克营,并重创了来复枪团1营,击毁英军坦克27辆、汽车3辆;缴获坦克4辆、装甲车3辆、汽车18辆、榴弹炮2门;毙伤敌200余名,俘英军少校营长以下227人。

高阳战斗,成了"土装备"打败现代化装备的成功战例。

冰雪长津湖

在朝鲜的北部，盖马高原以西，由狼林山脉、大峰山脉构成的屏障，将朝鲜半岛的北部分成了东西两个部分。在朝鲜战争的军事部署上，习惯于将东部称为东线战区，西部称为西线战区。高高的山脉隔断了东、西两线的联系。在抗美援朝第二次战役中，正当南朝鲜军第7师和美第2师被包围在清川江一线，并遭到致命打击找不到退路的时候，东线美第10军和南朝鲜第1军团官兵，依然在积极地执行着总司令麦克阿瑟的圣诞节结束朝鲜战争的总攻势计

东线我志愿军某部首长在前线指挥战斗，向长津湖地区的美第10军反击，给美国侵略军以沉重的打击

划，正在向北、向着鸭绿江边推进。

朝鲜的东线战场，地处以咸镜山脉和赴战岭山脉构成的盖马高原，山高林密，人烟稀少，且气候寒冷，从西伯利亚吹来的干冷空气，首先到达这里。每年的十月即开始降雪，冬季气温可达零下30摄氏度以下。1950年的11月又是多年不遇的寒冷冬季，当时，东线战场普降大雪，气温降至零下30到40度。就在覆盖着皑皑白雪的山谷里，一支志愿军部队，正在向预定的作战地域前进。这就是志愿军第9兵团冒着冰雪严寒，正向长津湖畔挺进。

第9兵团司令员兼政治委员宋时轮，副司令陶勇。所部是中国人民解放军第3野战军的主力，即第20军，军长兼政治委员张翼翔；第26军，军长张仁初，政治委员李耀文；第27军，军长彭德清，政治委员刘浩天。其中大部分官兵来自华东地区。

根据朝鲜战场的情况，中央决定第9兵团紧急入朝。在各类作战物资准备不充分的情况下，兵团各部从10月下旬由上海、常熟北上到山东泰安、曲阜地区。因朝鲜战事紧张，就马上开往东北，迅速入朝。由于紧急北上，这个长期驻守南方的部队，连棉衣都没有换上。一部分战士是在火车或车站上领到一些棉衣，有三分之二的官兵，没有棉衣。这些来自江南水乡的战士们，没有寒冷地区作战的经验和思想准备。当他们跨过鸭绿江进入朝鲜后，迎接他们的是东部最为寒冷的盖马高原。很多战士是第一次看到雪，他们穿着单薄的衣服进入东北，并踏上朝鲜国土后，才知道冬天的严酷。皑皑白雪，零下30到40摄氏度的严寒，北方冬天的冷酷和严峻首先袭击了这些年轻的战士。还未曾打仗，他们便开始面临生死的考验。

进入朝鲜第一天，行军就冻伤了上千人。兵团的大部队在莽莽雪原上行军，要想隐蔽也非常困难。美军的飞机不断轰炸扫射，兵团的运输物资汽车也被炸得所剩无几，所有重型火炮只有丢下，部队只能带一些轻便火炮和轻武器前进。

这期间，第一批入朝作战的志愿军才刚刚一个月，当时的志愿

翻越冰山雪岭，阻击从咸兴北援长津湖的敌人

军还没有完善的后勤部队，后勤补给由东北军区负责。大批部队入朝，后勤供应难以承受。而当时，国内经济也十分困难，对前方的作战需求还很难保障。第9兵团入朝后，粮食、弹药都无法满足供应，特别是粮食给养供应十分困难，而朝鲜当地已无粮可筹。且部队在朝鲜东部山区，人烟稀少，山高林密。在严寒的冬天，别说作战，能在这样的环境下生存下去都是奇迹，第9兵团面临严峻的考验。

恰在这个季节，朝鲜北部普降大雪，积雪达40厘米，气温骤降至零下40摄氏度。战士们把毛巾、军毯、棉被、雨衣等一切能御寒的东西，包裹在身上，艰难地向着预定集结地域开进。

在饥寒交加中，第9兵团经过艰难跋涉，于1950年11月26日深夜，主力部队已全部在长津湖地区预定反击地域完成集结。兵团从11月7日入朝，19天时间里，行程460公里，到完成集结，第9兵团克服了难以想象的困难，其非战斗减员达到了惊人数字。多年后，宋时轮将军回忆说："其艰苦程度超过红军长征！"

这时的美军，也在这极其寒冷并不适合作战的地区艰难地向北推进。尽管美军在作战补给和后勤保障上有极强的能力，但在这样恶劣的气候条件下，在这个冰封雪飘、山高林密的高原，与志愿军相比，他们的境遇也好不到哪里去。美军高度的机械化在这里发挥不了作用，汽车发动不起来，坦克找不到行走的路，大型辎重在路上比人走的还要慢。虽然大头鞋、防寒服、鸭绒被、棉帐篷阻拦了一部分寒流，但被冻伤、冻死的非战斗减员数量也可观。在动用了一部分空中力量进行了几次突袭后，因天降大雪，阴云密布，而很难实施有效空中打击。

美第10军军长爱德华·阿尔蒙德指挥的美陆战第1师、步兵第7师、南朝鲜第1军团及其所辖的首都师、第3师分别向江界和图们江推进。美步兵第7师在戴维·巴尔少将指挥下，于11月21日，进至丰山，其先头团步兵第17团到达鸭绿江边的惠山镇。

阿尔蒙德少将得知这一情况后，高兴地从50公里外快速赶到鸭绿江边，拍摄下了鸭绿江对岸的照片。

到11月24日，也就是麦克阿瑟所谓的"最后攻势"发起日，美陆战第1师两个团进入长津湖南侧的柳潭里、新兴里和下碣隅里

战士们跨越海拔1700多米的雪山，向长津湖挺进

地区；美步兵第7师主力紧随陆战第1师向长津湖靠拢；第17团则从惠山沿鸭绿江西进，准备与西线"联合国军"会师；南朝鲜军第3师主力进至端川以北的白岩；首都师位于清津。

美军和南朝鲜军兵力分散，行动迟缓，虽然知道有中国的军队正向朝鲜境内深入，但尚不清楚志愿军主力已经有三个军的兵力集结于长津湖地区。

根据敌情，宋时轮司令员与兵团领导商定，27日黄昏向长津湖地区的敌人发起反击。首先进攻柳潭里、新兴里、下碣隅里地区的美第1师的两个团；得手后再歼美第7师第32团和美陆战第1师的增援部队。

11月27日，东线战区又普降大雪，气温降至零下30摄氏度。战斗发起前第27军已隐蔽进入柳潭里、新兴里以北地区，完成了进攻准备；第26军主力位于长津东南地区；第20军位于长津湖西南地区，已经对美军形成了三面包围态势。

27日黄昏，第9兵团各部按预定部署发起反击，迅速完成了对长津湖地区之敌的分割包围。

虽然美陆战第1师和美步兵第7师被打了个措手不及，但还是

某部团首长向部队传达战斗任务

进行了顽强抵抗。他们以近200辆坦克在几个被围点上围成环形防御圈，开辟临时机场，迅速运走战伤和冻伤人员，运来武器弹药和御寒装备。夜间死守，白天依靠强大的地空火力掩护，向第9兵团攻击部队发动猛烈反扑。

第9兵团的战士们由于重武器留存行军途中，只有步枪、手榴弹和少量的轻型火炮。后勤供应不上，饥饿和寒冷，部队几天吃不上一顿热饭，炒面加雪也是美餐了。冻伤减员异常严重，甚至大大超过了战斗减员。

在战斗中，第9兵团虽然给被围之敌以沉重打击，但各部伤亡也异常惨重。第80师减员近三分之一，第79师减员竟达三分之二，而两个师的冻伤减员竟达全部减员的三分之一。这意味着战斗开始头10个小时，第9兵团攻击部队全部减员达万人。

28日，被围美军全力反扑，第9兵团各部在饥寒交迫、非战斗减员剧增和装备低劣的极端不利的情况下，迎战在航空火力和优势地面炮火掩护下的美军部队。战斗最为激烈的是包围陆战第1师的柳潭里和下碣隅里的志愿军。

美陆战第1师确实是美国军队中最为凶悍的部队。柳潭里的美陆战第1师第5、第7团连续5次冲击第27军79师的阵地，阵地被美军的燃烧弹炸成一片火海，岩石化作粉末，树木变成焦炭。下碣隅里的美军也拼命向第20军的部队反扑，敌人付出重大伤亡后没有突出重围。

28日当晚，第80师不顾重大伤亡，向内洞峙美步兵第7师第32团一个营和炮兵、坦克各一部发动猛攻，将其指挥所摧毁，残敌遗尸300余具，逃往新兴里。第80师虽于当晚一度突入新兴里，但因兵力不足，冻伤减员太大，只好撤出战斗。第20军58师歼灭陆战第1师800余人，压缩了其阵地。至此，第80师战斗与非战斗减员已达三分之二。

经两天战斗，第9兵团对被围之敌的部署已进一步查明，柳潭里之敌为美陆战第1师第5团两个营、第7团和炮兵第11团两个营;新兴里之敌为美步兵第7师第31团两个营和第32团第1营及师属炮兵第57营和坦克分队;下碣隅里为美陆战第1师师部和第1团两个营、第5团1个营和1个坦克营;总兵力为10000余人。

宋时轮调整部署,决定先歼灭新兴里之敌,尔后转移兵力逐个歼灭柳潭里、下碣隅里之敌。

29日,第27军彭德清军长令第80师张师长调整建制,同时调孙瑞夫师长的第81师主力会同第80师围歼新兴里地区之敌。第27军预备队第94师准备随时投入战斗。为配合第27军攻歼新兴里之敌,宋时轮决定:"第20军58师、第27军79师也分别对下碣隅里、柳潭里之敌进行钳制性攻击;第20军89师对杜仓里之美步兵第3师第7团暂时采取围而不攻;为准备第二步攻歼柳潭里之敌,第20军59师暂归第27军彭德清军长指挥。"

下碣隅里和古土里的美军部队,分别向志愿军第20军58师和第60师阵地猛烈进攻,企图打开接应新兴里和柳潭里美军部队的

志愿军战士通过长津湖大桥

通道。据守高地的是第20军58师172团3连3排，指挥员是解放战争就成为战斗英雄的3连连长杨根思。

杨根思带领战士们浴血奋战，直到阵地上剩下几个伤员，杨根思拉响炸药包，与敌人同归于尽。这是中国人民志愿军第一位特等功臣和特级战斗英雄，也是第一位"朝鲜民主主义人民共和国英雄"。

29日下午，古土里、堡后庄、真兴里地区的美陆战第1师第1团1个营和1个坦克营、英国皇家陆战队及南朝鲜军陆战队一部1000余人，在50余架飞机的掩护下，向志愿军第20军60师占领的富盛里、小民泰里一线阵地猛烈进攻，企图打通与被包围的下碣隅里、新兴里、柳潭里之敌的联系。

负责守卫富盛里的第179团奋力击退这支美军的多次进攻。黄昏时分，敌军没有了飞机的掩护，179团将敌人包围在富盛里以北的公路上。经彻夜激战，美军和南朝鲜军大部被毙伤，余下240人于11月30日晨6时在麦克劳林少校率领下全部举手投降。

29日14时，柳潭里的美陆战第1师，向第27军79师阵地攻击，并空投伞兵配合，被志愿军第79师部队击溃。

11月30日，陶勇亲临新兴里，指挥第80师和第81师主力和第27军全军炮兵，从东、西、南、北四个方向同时向新兴里之敌猛烈攻击。战士们冲进美军的坦克防御圈内，与美军展开肉搏。11月30日13时，美第31团团长麦克劳恩上校见伤亡惨重，待援无望，便在40余架飞机掩护下，以10余辆坦克为先导，沿公路向南突围。志愿军第80师和第81师在伤亡惨重的情况下仍然坚持战斗，冒着敌机轰炸奋勇追击，沿途围追堵截，又将该敌截歼大半，团长麦克劳恩上校被击毙。

志愿军部队与敌人作战，也与严寒作战。第81师242团5连奉命阻击逃敌。战斗打响了，潜伏的志愿军第5连却无人站起来冲锋。这一个连的干部战士，以战斗的姿态全部冻死在阵地上。

美步兵第7师第31团、第32团第1营和师属第57炮兵营共1个加强团的兵力,全部被第27军部队歼灭,俘虏该团官兵300余人。

11月30日,美第10军军长爱德华·阿尔蒙德少将向陆战第1师师长奥利弗·史密斯少将和美步兵第7师师长戴维·巴尔少将传达了麦克阿瑟的新命令:"长津湖附近所有部队全部撤往咸兴、兴南地区。"

12月1日,进至清津、惠山镇等地之敌开始向咸兴地区撤退,柳潭里的陆战第5团和第7团也在大量飞机坦克支援下全力冲出包围圈,向下碣隅里靠拢。

12月9日夜,美陆战第1师全线撤退,这些部队疲惫不堪焦头烂额。但此时的志愿军第9兵团已经没有了追击的力量,敌人趁机南逃了。

美陆战第1师和步兵第7师在长津湖地区败退的狼狈景象,被随军采访的《纽约先驱论坛报》记者记录下来:"我在下碣隅里见到这些遭到一阵痛打的官兵……官兵们衣服破烂不堪,脸上因刺骨的寒风而发肿流血,手套也破了,棉絮露在外面。没有帽子,耳朵冻成紫酱色。还有因为手脚冻伤,穿不进结了冰的鞋子……"美国人罗伯特·莱基在他的《冲突》一书中写道:"美第7师第31团和第32团组成的特遣队,上校失踪了,继任的少校指挥被打死了,士兵们四处溃逃。"

志愿军第9兵团仓促入朝,在东线战场山高路险,气候严寒,后方补给困难,部队冻饿减员严重的情况下,给美陆战第1师、美7师以歼灭性的打击,共毙伤俘敌1300余人,为改变东线战局做出了重大贡献。志愿军领导机关嘉奖了第9兵团。毛泽东致电彭德怀,指出:"第9兵团此次作战,在极困难的条件之下,完成了巨大的战略任务。"

清川江畔围歼战

清川江，是朝鲜半岛西北部的一条大江，发源于狼林山南麓，流向西南，下游是朝鲜的平安南道与平安北道的分界线，与九龙江等汇合后流入西朝鲜湾。1950年11月，朝鲜北部，普降大雪，气温骤然下降，而清川江，依然水流湍急，没有封冻。遭到志愿军第一次战役打击的"联合国军"，已经退到清川江以南。因而，这条江在当时被敌人称为"麦克阿瑟"防线，"联合国军"企图依靠没有封冻的滔滔江水，来防御志愿军的追击。

"联合国军"遭到中国人民志愿军第一次战役打击后，并未意

坚守某高地的机枪1连2排向敌人发起冲击

识到这是一个强劲的对手,继续向鸭绿江边推进,实行其吞并全朝鲜的计划。为打击"联合国军"的嚣张气焰,迅速扭转朝鲜战局,英雄的中国人民志愿军,在彭德怀司令员的率领下,采取诱敌深入,穿插迂回战术,将疯狂北进的"联合国军"包围在清川江一线,展开了一场震惊世界的清川江畔围歼战。

1950年11月5日第一次战役结束,"联合国军"损失兵力15 000余人,这是自仁川登陆以来"联合国军"受到的一次重大打击,在此情况下,西线主力退到清川江以南,东线则被志愿军阻滞于黄草岭、赴战岭以南地区。11月9日,美国国家安全委员会召开会议,对朝鲜战争的进展做出如下决定:"在未完全判明中国出兵意图之前,继续执行以军事进攻占领全朝鲜的原定方案。同时,批准'联合国军'总司令麦克阿瑟的关于轰炸鸭绿江上所有桥梁的计划,并指示麦克阿瑟在军事方面可以相机行事。"

麦克阿瑟依然信心十足,尽管原定的感恩节占领全朝鲜的计划破产了,这并不影响他的野心继续膨胀,于是,又策划发动"圣诞节结束朝鲜战争的总攻势"。他亲自调兵遣将,将美第1军、第9

某部机枪1连12班在敌人飞机和坦克轮番进攻下,坚守某高地

军、南朝鲜第2军团、英27旅部署在一线战场；将美第25师、土耳其旅、英第29旅调到西部前线；从美国本土调来美第3师，部署在到东部前线。

麦克阿瑟自觉胜券在握。计划以钳制形突击战术，先以美第10军推进至长津湖后西进，以美第8集团军由清川江北上，两军在江界以南衔接后，围歼中朝人民军队，预计在圣诞节前抢占全朝鲜。麦克阿瑟乐观地向他的部下宣称："这是最后的攻势，战争将在两星期内结束，有些部队可以回家过圣诞节了。"

11月24日，"联合国军"发起圣诞节前结束朝鲜战争的"总攻势"。分东、西两线向中朝军队展开了全线进攻。

麦克阿瑟乘上飞机，临空指挥。这位曾在第二次世界大战中就战功赫赫的美国五星级上将，居高临下，小小的朝鲜半岛似乎就在他的手心上，他想怎么样就可以怎么样。当他看到美军进攻的宏大场面时，已经情不自禁，信口扬言："在历史上鸭绿江并不是不可逾越的障碍。"

正当麦克阿瑟与他的"联合国军"得意忘形之际，彭德怀这位在中国革命战争中成长起来的将军，自有他的打法。他采取诱敌深入，穿插迂回战术，已经给对手布好了阵势。彭德怀的基本部署是：主动后退，诱敌北进，然后正面以四个军的兵力，实施反击。以两个军实施迂回穿插，截断敌军的退路。经过紧急部署，到美军发动进攻时，志愿军主力已全部退至预定的集结地域。西线第38军、39军、40军、42军、50军、66军主力分别部署在定州西北、龟城、泰川、云山、德川等地区。东线第9兵团在旧津里、厚昌江口地区完成战役集结。

11月25日，西线各路敌军已被诱至预定战场。

黄昏，志愿军第38军、40军和42军，出其不意，首先对德川、宁远地区的南朝鲜第7师、第8师发起反击。

第38军兵分三路攻击德川的南朝鲜第7师。112师从敌左翼进攻，切断了德川与军隅里之敌的联系；114师从正面进攻，于26

日歼灭南朝鲜第7师榴炮营,完成了对德川之敌的包围。第38军战至当日19时,将南朝鲜军第7师五千余人大部歼灭,活捉七名美军顾问。

第42军以125师、124师对宁远南朝鲜军第8师实施攻击;第126师向龙德里插进,隔断宁远与孟山之敌的联系。125师乘机迅速攻入宁远城,打乱了敌人指挥系统。激战至26日拂晓,占领宁远,将敌大部歼灭,残敌南逃。

第40军主力于25日晚向新兴洞、苏民洞地区的美第2师发起进攻,歼敌200余人。

26日,志愿军在德川、宁远地区打开了战役缺口。第38军主力重创土耳其旅,于28日晨攻占瓦院,迫敌西撤。第113师在敌机的轰炸扫射和地面部队阻击下,14小时疾行140华里,于28日8时到达三所里地区。切断了美第9军的退路,打乱了敌军的整体部署,立即引起"联合国军"的极大震撼。

面对战场局势,清川江以西的"联合国军"开始收缩。此时,

在德川战斗中,躲在山洞内的敌人被搜了出来

在军隅里战斗中,战士们冲向敌阵地

113师主力前出至三所里以后,又抢占了三所里以西的龙源里,切断了敌人由军隅里通往顺川的另一条退路。

三所里与龙源里位于朝鲜的价川与顺川之间,是朝鲜北部交通的咽喉,此时西线的"联合国军"位于价川以北,要想撤退必向顺川方向,而这两个地区之间就是三所里和龙源里。这时,这两个地方,已经被志愿军的113师,及112师一部堵的水泄不通。

至此,志愿军以6个军的兵力,在清川江畔,西起新安州,东至军隅里,南至龙源里、三所里,将西线"联合国军"团团围住。原打算回家过圣诞节的"联合国军"官兵,陷入志愿军的围歼之中。在志愿军的强劲攻势下,"联合国军"顿时乱了阵脚,找不到突围的方向。志愿军越战越勇,阵地上枪炮齐鸣,杀声震天,"联合国军"陷入一片混乱之中。

29日,西线"联合国军"开始全线退却。美第9军所属各部准备沿军隅里,经龙源里、三所里向南突围。而此时,三所里、龙源里已被志愿军113师牢牢控制。敌军急调位于顺川的美骑兵第1师和位于平壤的英第29旅向北增援,企图打开通路。彭德怀急令第

38军主力迅速向113师靠拢；令第42军迅速向三所里以南的顺川、肃川方向前进，实施双重迂回。

第38军军长梁兴初下令所部，必须坚决守住这两个地区。早在第二次战役发起时，这梁军长就憋着一股劲，非打出个样来给彭老总看看不可。原因是在第一次战役中，38军也是担任迂回穿插任务，由于中途恋战，没有按预定时间赶到阻击地区，让敌南逃了。为此，彭老总大发脾气，把梁兴初狠批了一通。这次，梁军长可用上劲了，穿插、迂回，以最快的速度，集结于作战地域。这梁军长一发狠，可苦了"联合国军"这些官兵了。

为了打破被围歼的局面，"联合国军"每日出动几百架飞机、千余辆坦克，并以强大的炮火，向志愿军113师所守的三所里、龙源里阵地猛烈进攻。向北增援的美骑兵第1师和英第29旅，也竭尽全力攻打三所里、龙源里，企图打开南逃通道。英雄的志愿军113师虽腹背受敌，却顽强阻击，坚如磐石，牢牢地守住阵地。向南突围和向北增援的"联合国军"仅相隔不到一公里，却可望而不可及。

"联合国军"已在志愿军的围歼中溃不成军，坦克、汽车丢弃在公路上，人员东奔西撞，企图寻路突围。

12月1日，彭德怀司令员发电报通令嘉奖第38军。在电报的最后，这位身经百战的将军，由衷地写下了"中国人民志愿军万岁！38军万岁！"从此，"万岁军"的名字威震天下。

敌军从三所里、龙源里突围无望，正面进攻的志愿

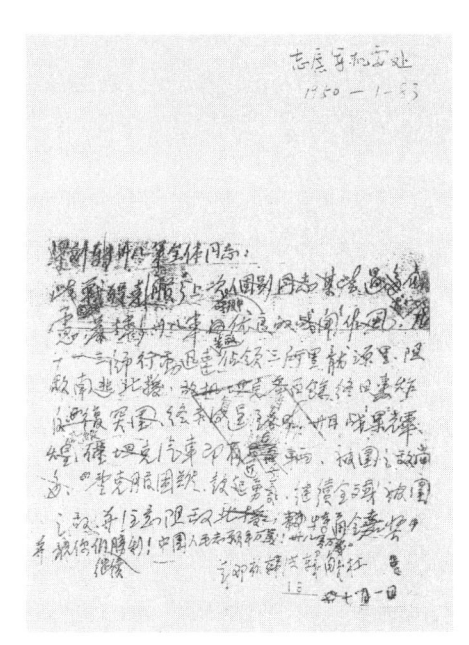

彭德怀司令员签署的表彰38军的电报

军各部，又穷追不舍，步步紧逼。"联合国军"正处于被分割消灭的混乱状态。为摆脱全军覆没的命运，敌军被迫遗弃大量辎重和现代化装备，轻装转向西海岸的安州方向逃命。第40军紧紧追击，于1日晚占领安州，但还是逃敌的速度快了些，只截住了一部分，其余残敌南逃。

西线志愿军经数日激战，歼灭南朝鲜第7师、第8师和土耳其旅大部，给美第2师以歼灭性打击，重创了美骑兵第1师、美第25师。共歼敌23 000余人，缴获各种火炮500余门，坦克100余辆，汽车2 000余辆，各种枪5 000余支。

当西线志愿军发起反击时，东线美第3师一部位于社仓里。美陆战第1师、美第7师一部北进至长津湖地区。此时，志愿军第9兵团的第20军进入柳潭里西南地区，第27军主力已进入柳潭里、新兴里以北地区，完成了进攻准备；第26军主力开往长津湖东南。

11月27日，东线战区普降大雪，气温降到零下30摄氏度。当夜，第9兵团各部冒着严寒，在冰天雪地与敌展开激战，并迅速地完成对长津湖地区敌军的分割包围。

第20军从西侧实施进攻，以一部切断了下碣隅里敌人的南逃退路，军主力从东、南、西三面包围了下碣隅里之敌。从正面实施进攻的第27军，占领了小汉垈、广大里地区，切断了美第7师与美陆战第1师的联系，与敌形成对峙。

第9兵团首长根据敌情决定，先拿下新兴里，尔后攻歼柳潭里和下碣隅里之敌。30日晚，志愿军第27军80师、81师主力对新兴里之敌发起进攻。激战至12月1日拂晓，敌伤亡惨重，在飞机、坦克的掩护下向南突围，志愿军尾追逃敌，在新兴里以南全歼逃敌。

此时，西线敌军已实施全线退却，新兴里之敌被全歼后，东线敌军更加动摇。1日，前出至清津、惠山镇等地的敌军开始向咸兴地区撤退，柳潭里之敌也全力进行突围，社仓里之敌于2日南撤。

第9兵团在长津湖地区，战至12月8日，给新兴里、柳潭里、下碣隅里等地区被围之敌以歼灭性打击。美陆战第1师和第7师溃

志愿军某部冲入平壤市区

不成军,其他敌军也遭到重创。东线志愿军共毙伤俘敌13 000余人,迫使敌军全线败退。

"联合国军"在东、西两线遭到沉重打击后,开始向"三八线"实施总退却。西线敌军于12月16日,全部撤至"三八线"以南。东线敌军残部,逃到东海岸兴南港,在陆海空火力掩护下,登船从海上猖狂逃跑。至此,"联合国军"已全部撤退到三八线以南,第二次战役胜利结束。

麦克阿瑟万万没有料到,会吃如此败仗。他所吹嘘的"圣诞节前结束朝鲜战争"的总攻势彻底破产。他的信心和情绪也从那个狂妄的高峰跌到了低谷。

清川江畔围歼战,是中国人民志愿军同世界上强大的,以美国为首的"联合国军"所进行的一场殊死较量。志愿军不畏强敌,英勇作战,给敌军以沉重打击,就是这次战役一举扭转了朝鲜战局,使"联合国军"发动的总攻势变成总退却。

钢铁战士守高地

第三次战役后,"联合国军"退守"三八线"。为挽回败局,缓和内部矛盾,"联合国军"于1951年1月25日开始在全线发起了大规模进攻。同日,志愿军为了遏制敌人的进攻,发起第四次战役,实施了积极防御作战。

为加强向志愿军防御战线的进攻力量,美国急速从美国本土及驻扎在欧洲、日本的美军中抽调部队,补充到朝鲜战场。1951年1月25日,"联合国军"开始发动大规模进攻。中朝部队在粮

某部3排在阻击敌人的进攻

某部8班战士与敌人激战

食、弹药、兵员补给极端困难的情况下,为遏制敌人前进,稳步打开战局,以英勇顽强的精神,进行了汉江南岸阻击战、横城地区反击战和宽大正面逐山逐水的机动防御作战。将敌人阻止在"三八线"附近。

战役打响后,在汉江南岸坚守防御作战的志愿军第38军114师342团1营营长曹玉海,是中共党员,奉命率领1营坚守京安里以北的350.3高地。在这次战斗中,曹玉海与战友们连续作战7昼夜。

12日清晨,太阳刚刚升起,美军以一个团的兵力,在24架飞机、52辆坦克及大量火炮的支援下,向350.3高地发起了猛攻。刹那间,350.3高地上硝烟滚滚、土石飞扬,整个阵地变成了一片火海。敌人在飞机、坦克、大炮的掩护下,从四面八方涌向高地,战斗异常惨

特等功臣、一级英雄曹玉海

烈。曹玉海率领1营指战员在弹药极端短缺的情况下，使用敌人遗弃的枪弹，以及石块和铁锹为武器，同敌人进行拼搏。曹玉海与战友们前仆后继，英勇奋战。在1营的防御阵地上，哪里战斗激烈，曹玉海就出现在哪里，他机智勇敢，靠前指挥的模范行动激励着全营指战员。战士们的战斗情绪高昂，连续打退了敌人3次大规模的进攻。在战斗间隙，曹玉海环顾了一下周围的环境，吩咐3连长："要根据情况调配火力，注意适当疏散伤员。"3连长望着营长那刚毅的脸，敬了一个军礼，补充了一句："誓死守住阵地，决不后退半步！"这时，教导员方新走了过来，将保存了很久的3支"大生产"牌香烟拿出来，每人分了一支。曹玉海接过香烟笑着说："这也许是最后一次抽祖国的香烟了，但我知道，祖国会安安稳稳地生产'大生产'香烟的。"此时，敌人又开始了猛烈的进攻。敌人这次采取了"人海战术"，黑压压的一片，如蚂蚁一般向我阵地涌来。曹玉海见敌人上来了，举枪朝敌人射击，同时高声喊道："同志们，打！"战士们一起朝敌人开了火。

用缴获敌人的火箭筒打击敌人

重机枪手向敌人猛烈射击

　　由于敌众我寡，有一部分敌人突入了阵地。曹玉海在带领部队反击时，不幸中弹牺牲，教导员方新在敌人攻上阵地时，抱着一颗迫击炮炮弹冲向敌人与敌人同归于尽。

　　战后，志愿军领导机关为曹玉海记特等功，授予一级"战斗英雄"称号。

孤胆英雄

抗美援朝纪念馆的展厅里，陈列着一组珍贵文物，这是志愿军二级战斗英雄唐凤喜的一组文物。有唐凤喜的立功喜报、中国新民主主义青年团第二次代表大会列席证、朝鲜民主主义人民共和国授予唐凤喜的二级战士荣誉勋章证书，及照片和小镜子等。其中立功喜报是国家一级文物，列席证和勋章证是国家二级文物。

特等功臣、二级英雄唐凤喜

在抗美援朝战争中，唐凤喜这个名字传遍了朝鲜的山山水水，也传遍了祖国的大江南北。在朝鲜，姑娘和孩子们曾热情地歌唱："初春的鲜花开遍了大地，晴空里飘扬着一面红旗，同志们热情地歌唱，歌唱我们的英雄唐凤喜。"当祖国人民听到他的事迹后，谁都想看看这个人，当时唐凤喜邮给祖国人民的照片，曾从北京传到天津，从天津传到东北，从学校传到工厂，从工厂传到农村。人们还把他的照片贴在纪念册上。那么唐凤喜有什么样的事迹会让这么多人关注呢，就让我们来回顾他在抗美援朝战争中所建立的功勋吧。

唐凤喜在朝鲜战场使用的小圆镜

1951年10月初,"联合国军"的"秋季攻势"被粉碎以后,他们又把战争的矛头转向志愿军防线的金城地区。"联合国军"集结了第7师、第24师、南朝鲜军第6师、第2师大约7万人,向金城一线发起猛攻。金城地区的轿岩山成了敌人进攻的重点目标。敌人用飞机大炮猛攻轿岩山志愿军阵地。上级命令排长余永才率领班长唐凤喜及3班两个战斗小组,进入轿岩山阵地,坚守轿岩山上的68号阵地。

68号阵地的小山梁子上,一共有五六个小山包,唐凤喜的机枪安放中间最高的山包上。两头各有一个三个人的步枪组。顺着山包一直往南延伸有小荆棘丛,这是敌人进攻的一个重点。

拂晓,敌人的炮火急剧地响起,此刻,68号阵地像一座突然爆发的火山,天摇地动。随着轰隆隆的巨响,伴着火光,3班副班长和排长几乎同时倒在阵地上。在这紧急关头,唐凤喜率领其余战士固守阵地。位于东边山上的敌人对志愿军阵地构成威胁最大。为了打掉那里的敌人,唐凤喜从后面钻进了荆棘丛中,向东边山上爬去。虽然只有一里多长的路程,但对唐凤喜来说却比翻越千山万水

东线我军在月烽山地区与进犯之敌展开激战,某部4连在这次战斗中荣获"月烽山英雄连"的光荣称号,这是4连勇士们痛击进犯之敌

志愿军粉碎了美国侵略军的所谓坦克楔入战,仅在文登里公路上就先后毁敌人坦克28辆

还要困难。因为他爬行时头部只要稍微抬高一点,就很可能被敌人发现,因此,他只能屏住呼吸,将全身力气集中在肘部,一寸一寸地往前挪。荆棘在他的脸上、身上不停地扎着,唐凤喜克服了重重困难,终于爬到了东山下。

面前敌人的重机枪在左右两侧吐着火舌,成群的敌人离唐凤喜只有不到100米了。他三面受敌,背后又是陡峭的山崖。唐凤喜顺手捡起两颗手雷,当工具挖工事,当敌人发起冲击的时候,唐凤喜已经从刚挖通的炮弹坑里进入了射击位置。

敌人发起进攻,东边的刚被打下去,西边的又上来了,有时两边的敌人一齐出动。激烈的战斗已使唐凤喜顾不得被手榴弹弦拉破的嘴角,勒破的手指头,鲜血浸透了的单衣服,他只看到三面的敌人在一个个地倒下去。机枪没子弹了,手榴弹和手雷都打光了。他乘着烟雾,夺过敌人的机枪,在敌人尸体堆里捡回了一些手榴弹和手雷。

晚上8点,战场沉寂了。唐凤喜的伤口还在往外流血,为了减轻疲劳,唐凤喜抓起一块冰凉的石头,放在自己火辣辣的舌头上,

7连战士在马良山阵地与敌人激战

他又挣扎着爬起来,看着暗处,盯着敌人。突然,两边的敌人又一个个地上来了,唐凤喜立即将手雷一个个地向敌人扔了过去。他正打着,一颗手榴弹在他的身边爆炸,他觉得左腿疼得很,但没有顾得上看伤情,继续向敌人投手榴弹。

不知什么时候,一群敌人转到了唐凤喜的侧后,向他围了上来,他发现后,反身举起机枪,"哗……"机枪子弹扫倒了成片的敌人,与此同时,唐凤喜也倒在了地上。当战友们赶来的时候,唐凤喜只能看见他们张嘴,却怎么也听不见战友们说话的声音了,原来是枪炮声震聋了他的耳朵。

在这段时间里,唐凤喜还不知道自己已经孤身坚守阵地两昼夜了,他打退了敌人的七次进攻,歼敌120余人,守住了阵地。战后,唐凤喜荣立一等功,获"二级战斗英雄"称号。

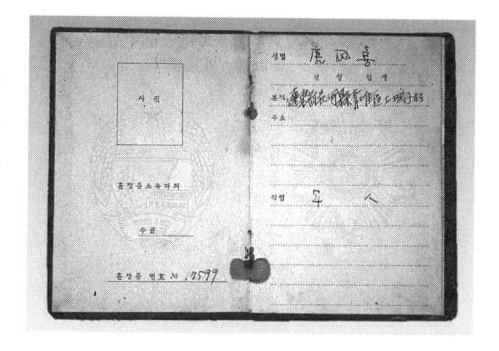

朝鲜民主主义人民共和国授予唐凤喜的二级战士荣誉勋章证

汉江南岸阻击战

著名作家魏巍在他的战地通讯里这样写道:"在汉江南岸的日日夜夜里,我们英雄的部队,他们并不只是用坚强的防守,使敌人在我们的阵地前尸堆成山,血流成河;重要的,他们还不断用强烈的反击,夺回阵地,造成敌人更严重的伤亡。我不断听指挥员告诉他们的部队:'不能在敌人面前表现老实,你们不应该挨打,应该反击,坚决地反击!'"这篇通讯记录了中国人民志愿军第50军和第38军在第四次战役中,汉江南岸阻击"联合国军"的事迹。

1951年1月,"联合国军"在中国人民志愿军第三次战役的打击下,已经退到三七线附近。"联合国军"和南朝鲜军从鸭绿江边退到汉江以南地区,又丢失了汉城,他们并不甘心失败。

麦克阿瑟在经过积极准备后,开始了大规模的反攻。在这次冒险进攻中,使用了他在朝鲜百分之九十以上的兵力,共约二十三万人。

连吃了三次败仗的麦克阿瑟,在这次进攻中,采取了稳扎稳打、齐头并进的战术。他的主要进攻矛头有两个,一从水原出发,沿铁路进攻汉城;二从利川与骊州出发,沿着两条公路,攻汉江以南的京安里。在东海岸,麦克阿瑟使用了约四个师,和西线之敌遥相呼应。为争取主动,重新夺回汉城,麦克阿瑟乘志愿军疲劳、补给困难之际,以西线为主,以水原至汉城、铁路两侧约20公里的地段为重点,向志愿军发起全线进攻。

汉江南岸阻击战

　　志愿军为遏制"联合国军"的大规模进攻,在汉江以南地区,志愿军第50军奉命于野牧里至庆安川以西地区,依托修理山、光教山、文衡山等要点,构成第一线防御阵地;依托博达里、内飞山、鹰峰、国主峰等要点,构成第二线防御阵地。第38军奉命于汉江南岸东起金谷堂里,西至南汉江西岸30公里地段上实施防御。以第112师依泰华山、天德山布兵,阻击由利川沿公路向汉城方向进攻之敌,造成中线反击之有利条件。军主力集结于汉江北岸,相机投入战斗。

　　1951年1月25日,在200余架飞机、80余辆坦克、近300门火炮掩护下的美军第3师、第24师、第25师及南朝鲜军一部共计6万人,由水原沿铁路两侧向志愿军第50军第一线防御阵地,发起大规模进攻。第50军依托修理山、光教山、文衡山等要点,展开异常艰苦的防御作战。25日,美军第25师1个营进占水原,与坚守白云山前沿阵地的志愿军第50军第447团形成对峙。此后,美军又不断增加兵力。第447团指战员浴血奋战,每天打退其十几次进攻,反复争夺阵地,苦苦坚守11昼夜,毙伤其1 200余人,守住了白云

向敌阵地冲锋的某部指战员

山主峰。接着，美军和南朝鲜军又在数十架飞机、数十门大炮及60辆坦克的配合下，向帽落山一线阵地连续进犯。第443团进行了顽强抗击，以步枪、手榴弹、十字镐与其搏斗，艰苦鏖战8昼夜，歼其1500余人。27日，美军第25师以3个营兵力，在30余辆坦克的支援下，分3路向第444团守备的修理山阵地发起攻击。第444团顽强抗击，击退美军。28日至30日，第444团前沿连续打退美军一至两个营兵力的多次冲击，阵地失而复得，该连伤亡较大。2月2日，美军以4个营兵力，在航空兵和炮兵火力掩护下，分5路向修理山发起进攻。第444团依托有利地形，与其展开近距离激战。至当日14时，约150名美军突入修理山制高点，第444团以一个多连兵力，夺回该阵地。3日，又击退1000多美军的轮番冲击。在修理山阵地前，第444团共毙伤美军1000多人。

第50军10昼夜鏖战在修理山阵地，达成坚守第一线防御阵地的目的。1月31日志愿军司令部通令表扬第50军，特别是第148师的全体指战员。表扬他们数日鏖战，英勇顽强坚守阵地，反复争夺，表现出了高度的国际主义和爱国主义精神。2月3日，第50军主力转移到第二线防御阵地。5日，以夺取汉城为目的的美军3个师和南朝鲜军一部，在100余架飞机、200余辆坦克和大量火炮支援下，发动轮番进攻，战况空前激烈。连战3日，第50军部分阵地失守。7日晚，第50军主力撤至汉江北岸，继续防御，以免背水作战。

"联合国军"一部兵力于1月26日，不间断地向志愿军第38军第112师防御阵地进行试探性攻击和侦察活动。当

在汉江南岸五音山高峰的碉堡里向敌人扫射

其进攻被打退后，又以航空兵、炮兵火力轮番轰炸，然后再组织兵力冲击，如此反复实施。但在第112师阻击下进展甚微。28日，美军骑兵第1师约1个团兵力向第112师336团5连守备阵地开来，并以80余人向其311.6高地搜索前进。5连依托弹坑、残破的工事，以轻、重机枪突然开火，毙伤50余名美军，致使沿公路前进的美军停下。美军又以30余辆坦克和炮兵火力猛烈轰击311.6高地，尔后，步兵开始攻击。5连灵活运用战法，巧妙使用兵力，使美军的多次攻击未能得逞。战至30日，5连战士用手榴弹、刺刀和石头与敌人搏斗，达成防御目的后，主动转移。此次防御作战，5连共击退美军1个团兵力的13次冲击，歼灭美军500多人。

2月3日以后，志愿军第38军113师、114师进至汉江以南第112师阵地，全力抗击"联合国军"的进攻。此时，美军第24师第19团楔入志愿军第38军防线侧后，并进占山中里、洗月里附近的高地，企图侧击第38军左翼，动摇志愿军杨子山、鸢子峰一线阵地防御。第38军以第338团趁敌立足未稳，派两个连从正面进攻，两个主力营沿汉江西岸迅速迂回，对美军第19团形成围歼之势。

准备对敌人发起反冲锋

在攻占鹰峰山高地前,先头部队在侦察敌情

5日凌晨前,志愿军从侧后向山中里美军发起猛攻,控制了4个山头的制高点。美军在多架飞机、坦克的掩护下,以两个营兵力接应山中里被围的1个营。志愿军顽强阻击,并集中兵力打击被围困的美军,将其全部歼灭。美军第19团被迫撤出山中里、洗月里及其以西地区。当美第24师第19团1个连于2月3日占领位于洗月里西北部的113高地后,第38军339团以8连于4日零时30分秘密抵近该高地,构成合围态势,尔后突然发起猛烈攻击。经一个半小时激战,毙伤美军100余人。6日拂晓开始,美军第24师一部向第38军339团2营坚守的莺子峰阵地发起攻击。9日,美军以近两个营的兵力再次发起进攻。第2营以轻武器阻敌,至10日8时,打得只剩下几十人,弹药耗尽,阵地失守。第339团8连以26人增援分队于8时30分配合第2营,趁大雾分两路侧后迂回美军,果断地逼近美军四五米处,以突然猛烈的行动,仅经10分钟战斗即夺回阵地。第2营连续奋战5昼夜,打退美军1个团兵力的轮番攻击,毙伤1000余人。该营这种顽强守备、寸土必争的战斗作风受到了志愿军司令部和政治部的嘉奖。

2月11日，在炮火掩护下的美军两个连向第38军342团1营守卫的305.3高地进攻。第2营以一部依托工事迎头阻击，以另一部迂回到其侧后，前后夹击，歼其180余人。

12日9时，美军以24架飞机、52辆坦克、50余门火炮，对350.3高地轮番轰炸、扫射，接着以300至500多人的兵力发起集团冲锋。第1营凭借坚固工事，顽强抗击，连续战斗7昼夜。营长曹玉海、教导员方新，哪里战斗最激烈就出现在哪里，以他们的昂扬斗志激励全营指战员。曹玉海在战斗中光荣牺牲；方新抱着一颗迫击炮弹与敌人同归于尽；战士申德恩左眼负了伤，仍不下火线，他说："右眼还是好的，可以瞄准，只要有一口气，就要坚持到底！"当他右臂和左腿相继被打断之后，仍然坚持战斗；一班长在鲜血染红脸部的情况下，仍用一只胳膊把冲锋枪顶在胸前，战斗到牺牲；卫生员孙殿金负伤三次，右腿被炮弹炸断，自己也不包扎，他说："绷带不多了，得先给同志们用。"炮手付国民，连打百余发炮弹后，六〇炮被敌打飞，炮盘被炸碎，他从尘土掩埋中挣扎起来后，毫不犹豫地找到炮筒用

用缴获的火箭筒打击敌坦克

手扶着射击,手被打红的炮筒烫焦了,但炮声始终没有停止。在战斗最残酷的时刻,王启春,这个18岁的战士,爬到连长身边,要求党在此严酷的时刻考验他,连长答应了他的请求,他便坚毅地端起自动枪杀向敌群……多么悲壮的战场,多么可歌可泣的英雄。

第38军经过十多天激烈的战斗之后,面临粮弹奇缺的困难,他们以"一把炒面一把雪",刺刀、铁锹和石头,抗击了"联合国军"强大的步兵、装甲兵、炮兵和航空兵的连续进攻。战斗中有的阵地得而复失、失而复得多达五六次。第38军坚守汉江以南基本阵地,已顽强浴血奋战17个昼夜,受到上级的通报嘉奖:"我三十八军坚守汉江南岸阵地,已历时十七昼夜,美敌虽在大量飞机、坦克和大炮配合下,昼夜轮番攻击,均被该军英勇顽强守备,和不断反击予敌沉重打击。迄今汉江南岸基本阵地,仍屹然未动。分割隔离东西线敌军,有利我军主力向敌反击,特予通报表扬,并望该军指战员,继续奋斗,争取战役的胜利。"

16日晚,第38军主力转移至汉江北岸,继续组织防御。第38军历时22昼夜的防御作战,共歼灭"联合国军"10 800余人。

作家魏巍在采访了防守部队后,写下著名的战地通讯《汉江南岸的日日夜夜》,这份作品的手稿现陈列在抗美援朝纪念馆的展厅里。

魏巍《汉江南岸的日日夜夜》手稿

李光禄英勇炸坦克

走进抗美援朝纪念馆,在第四次战役的一个展柜里,陈列着一个立功证书,这是打坦克英雄、第50军149师446团5连副排长李光禄的,说起李光禄打坦克的事迹,那可以说是一段传奇。手榴弹、爆破筒、炸药包硬是把英国性能优良、火力凶猛的"丘吉尔"重型坦克打的人仰马翻,这还不是传奇吗?

1951年1月,经过连续三次战役

特等功臣李光禄

的奋勇作战,志愿军将"联合国军"打回到"三八线"以南,并快速向汉城进军。美军在英29旅来复枪团和英国皇家重坦克营的掩护下,疯狂向南溃逃。志愿军第50军149师446团连续追击,切断了英国皇家重坦克营的退路。被拦截的英军企图夺路逃走,被志愿军奋力拦击,始终找不到逃跑的出路。夜晚,英军陷入了志愿军的包围圈。围歼英国坦克的作战打响了。霎时,火光冲天,轰隆隆的炮声在山谷中回响。志愿军战士个个生龙活虎,用手榴弹、爆破筒和炸药包猛炸敌人的坦克,战斗不到三个小时就将这支英国军队全部歼灭。30多辆坦克和一辆装甲车全被炸毁。在这次反坦克战斗中,出现了很多英勇顽强的爆破手,李光禄就是其中之一。

李光禄是志愿军第50军149师446团5连副排长,战斗打响后，李光禄在炸毁一辆坦克的同时，自己也被爆炸声震得昏了过去。当他从昏迷中醒来后，发现自己躺在稻田的碎冰上，背上压着一大块沉重的冻土。他吃力地抬起头，头沉重得仿佛有几百斤重，他费了很大的劲，才把冻土块从背上掀下去。他

被击毁的美军坦克

慢慢地坐起来，向四周察看。发现在离他不远的公路上正躺着一辆被他炸毁的坦克。公路上爆破筒、手榴弹，不断闪着耀眼的火花，发出震动山谷的巨响，战友们从山谷里，沟渠里冲出来，追逐从坦克里逃出来的英国士兵。

第一次与这么多的坦克作战，志愿军用的是土办法，经验又不多。李光禄叫来了战友刘凤岐。李光禄问："炸坦克的好办法找到没有？"刘凤岐摇了摇头说："没有，导火索太慢，坦克跑得太快，这两个时间捏不到一块。"李光禄以前曾用炸药包、爆破筒炸过碉堡，但那是固定的目标，而坦克是活动目标，只有把炸药爆炸时间和坦克到达时间准确地碰在一起，才能将坦克炸掉。在这漆黑的夜里，人的眼睛要能像仪器一样把目标和时间计算好，这的确是件很难办的事情！

这时，又一辆坦克从山坳里大摇大摆地开过来了。李光禄对刘凤岐说："快准备好炸药，听我命令行事。"坦克开过来了，刘凤岐跑上公路。在离坦克15米时，李光禄发出了信号，刘凤岐赶紧点燃炸药包，回头跑了几步，一下子就翻滚到李光禄的身边。只听一声巨响，他俩抬头望去，这辆坦克浑身冒着火与被炸毁的那辆坦克并排躺在了公路上，把公路堵住了。敌人的坦克像一群疯牛似地

伏击敌坦克

四处乱转,不管东西南北到处乱撞。李光禄兴奋地握着刘凤岐的手说:"太好了,咱们快冲到前面去。"他俩顺着公路两侧向前奔跑着。忽然,他俩看见前面有一辆坦克边疯狂射击边逃跑。李光禄抱起一个五公斤重的炸药包,捆上两颗手榴弹,又往大衣口袋里装了四颗手榴弹,便向坦克奔去。转眼间,坦克已驶到他身边。他纵身一跳,抓住了坦克上的一个铁环。正在行进的坦克使他的身子悬在空中,费了很大的劲,才爬上了坦克。他抬头一看,发现炮塔顶盖半开着。他慢慢地把身子挪到了坦克前面,把头伸向半敞着的炮塔上,向下一望,只见两个英国兵正在谈话。哒……突然一串子弹从他的胳膊下面射过,李光禄打了一个寒战,急忙用食指套进两颗手榴弹的铁环里,把捆着炸药包的手榴弹从开着顶盖的炮塔投了进去,并大喊一声:"中国人来了!"急速跳下坦克。还没来得及翻身,只听轰隆一响,顿时火焰从顶盖上喷出,李光禄眼前模糊了,一切声音都消失了。他又失去了知觉。

当他再次醒来时,想站起来,可是身体软绵绵的,一点都不听使唤，所有的关节都像被钉进了无数的小钉子，眼皮也像被胶粘住了。他口渴难忍，顺手从地上摸起了一些碎冰放到嘴里，一股清凉的冰水使他头脑渐渐清醒。听见附近仍有叫喊声、爆破声，战斗还没有结束。李光禄以顽强的毅力，撑起身体，两脚站直，极力支撑着不跌倒，然后艰难地、一步一步地向一辆喷火的坦克走去。只见那辆坦克一会儿跑，一会儿停，一会喷火，一会儿打着机枪，爆破手们不好接近，炸了两次都没炸毁，还烧伤了两个爆破手。奔跑的坦克转了一圈又停下来，马达隆隆地响着，就在爆破手们刚点上导火索时，坦克里又射出一梭子弹，这次又炸空了。李光禄上前一步问那个爆破手："还有炸药吗？"爆破手说："这是最后一包了。"这时前方有人喊道："李光禄，左边有辆坦克不要让它跑掉！"他听出是指导员的声音，急忙应了一声。眼看这辆坦克就要逃出包围圈，可是没有炸药怎么办？他急得头直冒汗，手他往身上一摸，突然碰到了四颗手榴弹。他把全身的疼痛都丢在脑后了。李光禄绕到坦克前头，这是非常危险的。因为坦克正在射击中，机枪封锁了前面，他只得爬行。离坦克只有一米多了。他微微抬起头，"哒哒哒"一梭子弹擦着头皮飞过，他又爬行两步，慢慢抬起头。"突突"坦克里又冒出两团火，在他右边燃烧起来。借着火光，他看清了坦克前头有一个矩形孔，便绕到坦克左侧。坦克也正向左移动，他和坦克并行前进，坦

迫击炮进入阵地

在志愿军小分队攻击下缴械投降的敌军

边跑边射击,还喷着火。李光禄挨着坦克将手榴弹从矩形小孔里塞进去,忽然里面喷出一团火,射出10米远,险些把他冲倒。他气极了,把剩下的两颗美式手榴弹一起塞进去,火光像闪电一样,坦克周围立刻成了一片火海。

当李光禄从火焰中站起来时,他的全身已着火。棉衣棉裤上的火苗直往上蹿,火苗烧灼他的手脚和脸,他立即躺在雪地上翻滚着,在距离坦克6米多的地方,终于把火扑灭了。那辆喷火坦克却全身冒着冲天的大火在那里一动不动了。

李光禄在这场反坦克大战中荣立了特等功。

横城反击战

在第四次战役中，西线志愿军在汉江南北地区进行坚守防御，牵制敌人主要进攻集团；在东线，志愿军和人民军节节阻击，诱敌深入；当"联合国军"和南朝鲜军进至砥平里、横城以北一线时，在整个战线上态势突出，翼侧暴露；志愿军适时地发动了横城反击战。

1951年2月11日17时，志愿军副司令员邓华指挥第39军、第40军、第42军、第66军共4个军组成的"邓集团"，在563门炮火的掩护下，向横城方向的南朝鲜军第8师、第3师、美军第2师第

横城反击战中的某部战士

9团发起反击。与此同时,人民军第3军团、第5军团由横城东北发起攻击。

此时,"联合国军"的部署为:美第2师23团和一个法国营位于批手里以北,被志愿军第42军所阻;南朝鲜第8、第5师进至横城以北的丰水院、上苍峰里、釜洞里、梅田里一线;再往东,是南朝鲜第7师、第9师;首都师位于下珍富里、江陵一线。

此时,美第2师的38团、荷兰营、美第2师师部及其9团尚在原州,美第7师及空降187团在他们的后面。于是,东线的"联合国军"相对孤立了。在西线担任阻击的志愿军第38军和第50军,虽然战线在一点点地后退,但还是迟滞了美军的向北推进。邓华指挥的东线军已快速到达了预定作战地域。

"邓华兵团"首先反击的目标是横城西北的南朝鲜第8师,由此打开缺口,向原州的美军防线进击。

2月11日下午,彭德怀以个人名义致电人民军前指及各军团长并报金日成:"此役志愿军以四个军主力由西向东打,为使这一

某部涉过蟾江,向横城敌侧翼穿插

战役获胜，关键在于人民军和志愿军第66军能否按预定部署完成断敌退路。此一战役胜利是巩固以往的胜利，扩大中朝两军反侵略战争的国际影响，争取时间整训部队，否则，敌将破坏我军休整计划。所以，此役是特别重要的。望请同志转告各级干部和全体战士，大家努力发挥积极性，克服困难，要求你们英勇顽强地消灭敌人！预祝毛泽东与金日成领导的人民军队胜利万岁！"

2月11日黄昏，志愿军部队的四个军开始了向横城地区的大规模反击作战。第40军负责正面攻击的目标是南朝鲜军第8师。军长温玉成和政委袁升平把118师和120师放在了第一梯队的位置上，主要的突击力量是年轻的师长邓岳指挥的118师。

邓岳放在正面的三个团并非一线进击，而是互相配合，互相掩护：353团在左，354团在右，以并肩突破南朝鲜军第8师21团的防御阵地。而负责穿插的352团从两个团中间渗透进去，直插敌后。

反击战一开始，118师就迅猛地向南朝鲜军队的阵地冲击。左翼的353团一个小时之内就突破了南朝鲜军队两个连的防御阵地。右翼的354团2营仅用了半小时就攻占了当面的阻击阵地，歼灭了南朝鲜军的一个加强连。352团趁这两个团正打得激烈的时候，迅速向敌后发展。他们在前沿没有受到阻击，但是，在经过一个叫上榆洞的地方时，参谋长冷利华被敌人的阻击炮火击中牺牲。冷利华1939年入伍，身经百战，三次当选战斗模范，他的牺牲令战士们悲痛不已。

352团7连是穿插的尖刀连，他们在冷利华牺牲的地方，与一个排的南朝鲜士兵相遇。7连的士兵勇猛地冲上去格斗，整个南朝鲜军搜索排无一人生还。352团逐渐脱离大部队的战线，独自深入到了敌后。进入一座大山中之后，朝鲜向导迷了路，7连长张洪林依靠指北针，在厚厚的积雪和迷宫一般的沟壑中带领士兵顽强前进，他们终于到达了地图上指示出的一座高地。上了高地，看见正

某部在黄巨山阻击战中坚守阵地两昼夜，打退敌人10多次冲锋

前方的小山上有吸烟的星火。小山上的南朝鲜士兵万万没想到，在距离打得正热闹的前沿还有几十公里的地方，就在他们的眼皮底下，3 000名志愿军士兵正在悄悄地通过。

这次战斗结束的时候，352团击毁美军汽车140多辆，榴弹炮20多门，高射机枪10挺。被352团歼灭的美军部队是美第2师的一个装甲营。

在横城反击作战中，第39军担负的任务是牵制砥平里地区的"联合国军"。根据彭德怀司令员的指示，为了加强横城方向的突击力量，决定把第39军的117师配属给第42军。117师受领的任务与第40军的118师一样，打穿插。117师出师不利。师长张竭诚领受任务后，立即率领部队向反击发起线前进。

趁着月光，全师安全地渡过汉江，经过连续两个夜晚的行军，终于接近了目的地龙头里。但是，在向龙头里靠近的时候，美军的夜航飞机在距离前沿10公里左右的地方连续轰炸，形成了一道严密的封锁线。在组织部队通过封锁线时，副师长彭金高负伤。张竭诚刚安排人把彭金高抬下去,又传来更为不幸的消息:政治部主任吴书负重伤。张竭诚立即组织人把吴书抬过了敌机封锁区,在一间民房里,医生们开始对他进行紧张的抢救。吴书的胸部和头部都被弹片击中,鲜血已经把军装浸透,他呼吸微弱,脸色苍白,突然,他颤颤地伸出手来握住了张竭诚的手,叫了一声:"师长……"之后,便闭上了眼睛。

11日,志愿军士兵们睡了一个白天,提前吃了晚饭,携带了五天的干粮,并配足了弹药,每人左臂上系上了白色的毛巾,16时40分,进入了穿插的出发地,一个叫儿柴里的小村。大雪茫茫,连亲自带作战科长到这里侦察过的张竭诚也分辨不出哪儿是道路了。群工科找来了两位朝鲜向导,一个分给了前卫团,一个留在了师指挥部。

17时,反击的炮声响了,正面攻击的部队开始行动了。根据第42军指挥部的指示,117师的行动与正面攻击部队同时开始,于是,张竭诚命令:"前卫团,出发!"

在横城以北的山地构筑工事

117师7 000人的队伍,依照351团、师指挥所、349团、350团、机关、后勤分队的序列,开始了大规模的敌后穿插。

公路两边的民房在敌机的轰炸中燃烧着,凝固汽油弹的气味令人窒息。117师沿着公路前进,如同在火海中穿行。半个小时之后,全师进入黑暗的山谷,他们悄悄地穿过南朝鲜军第8师16团阵地的左翼,除了尖刀连不断地与敌人排级规模的搜索队遭遇之外,一路没有大的战斗,全师一直不停地向夏日前进。

午夜,张竭诚突然接到报告:"351团走错路了。"核实之后,张竭诚立即调整部署。这时351团的电报来了,他们已经知道走错了,决定翻山去夏日。邓华指挥部来电:"正面攻击部队已突入敌人阵地,敌人开始向横城方向溃败,望穿插部队按规定时间到达阻击地点。"师侦察队奉命抓个俘虏查问情况。师侦察队在崎岖的山路上搜索,根本见不到一个人影儿。正着急,发现在雪地中有一根美式的军用电话线,顺电话线前进,见到一个小村落,靠近一间房舍,听见说话声,是美国人。排长吴永章一挥手,侦察队员们扑上去。战斗很快结束,抓到30多个美军士兵,全是黑人,一问,是美第2师9团的一个黑人排,他们担任着南朝鲜军第8师的后方警戒。跟上来的349团的士兵又带来一些俘虏,是南朝鲜士兵,他们身上都有一个红布口袋,这是新兵的标志。所有的俘虏站在雪地上直发呆,他们无论如何想不明白,这些志愿军战士是从哪里来的,自己怎么会在战线的后方被俘虏。

部队继续前进,翻过一座满是积雪的大山,上到山顶的时候,战士们已精疲力竭。天开始亮了,往山下一看,一条公路延伸而来,这就是鹤谷里。公路上一片寂静,志愿军士兵们知道,他们已经跑在敌人汽车轮子的前边了。本来是前卫的351团走错了路。意识到这个错误的时候,一群散兵乱哄哄地插进了他们的队伍,是一群溃退下来的南朝鲜士兵。短暂的交手之后,俘虏说有一条近路可以去夏日,于是就让这个俘虏带路。这可真是一条近路,可以说根本没有路,志愿军士兵们跟在南朝鲜俘虏的后面,在雪地上跌跌撞撞地前进,下山的时候几乎是滚下来的。南朝鲜俘虏真的把351团带到了夏日。刚到达那里,就看见公路上的汽车一眼望不到头地排列着。侦察队又抓来个俘虏,审问后得知,这是美第2师9团的部队,以及南朝鲜第8师撤退下来的部分人员,并且他们已经知道志愿军军队到达了这里,正在抢占公路边的高地。最先到达的是351团的2营。2营没有犹豫,立即发起了攻击。虽然眼前的敌人数量至少是2营兵力的一倍。但志愿军士兵们把疲劳和饥饿丢在脑后,凶猛地冲了过去!美军和南朝鲜士兵几乎没做反抗,就让志愿军士兵俘虏和打死了200多人,志愿军战士迅速占领了公路两侧的高地。被打散的美军士兵和南朝鲜士兵全部躲在公路附近的一个山沟里。

117师提前半个小时准确地到达穿插目的地,从而卡死了敌人从横城南逃的路。

351团在最前沿。美第2师9团全力向2营阵地猛烈攻击,4连在最前面,他们卡在公路上向每一辆企图突出去的汽车开火。美军向4连阵地连续进攻,2排出现了巨大的伤亡,阵地上只剩下了副排长和两名战士,他们和再次冲上来的美军士兵扭打在一起,直到——牺牲。4连把连队的文化教员、炊事员、司号员、通信员都组织了起来,顽强地坚守在连队的主阵地上。5连在连长、指导员及所有连级干部全部牺牲之后,司号员马德起代替指挥,始终坚持在阵地上。3连的弹药全部打光后,士兵们就用石头,用刺刀反击美军的进攻,美军始终没有突破351团的阻击阵地。从北面撤退下来的敌人越来越多,汽车和坦克把数里长的公路挤得水泄不通,天逐渐黑下来的时候,空中升起了三颗信号弹,志愿军的总攻开始了。

公路上,在连成一片的枪炮声中,尖厉的军号声令美第2师和南朝鲜军第8师的官兵们感受着世界末日般的恐惧。美军的飞机在盘旋,扔下的照明弹把战场映成白昼。到处是汽车和坦克燃烧的大火,志愿军士兵冲上公路,与"联合国军"士兵混战在一起。

117师歼灭敌人3350名,击毁和缴获汽车和坦克200余辆,各种火炮100多门。

午夜时分,横城反击战结束。

在横城反击战中缴获的大批汽车

"白云山团"的来历

在抗美援朝纪念馆里，有一面"白云山团奖旗"悬挂在展厅里，吸引了很多的观众驻足观看。这面奖旗的右侧是一首歌曲《歌唱白云山》："高高的白云山，耸立在朝鲜的汉江南。麦克阿瑟要从这里进犯，我们的英雄叫他停止在山前……"人们不禁在问，白云山团是什么部队，有什么战功。在抗美援朝战争期间，所有参战部队，以一次战斗为一个团命名的只有这个团。这就是志愿军第50军149师第447团，因在汉江南岸阻击战中，立下战功，被50军政治部、司令部授予"白云山团"的荣誉称号。

中国人民志愿军50军政治部、司令部赠给白云山团奖旗

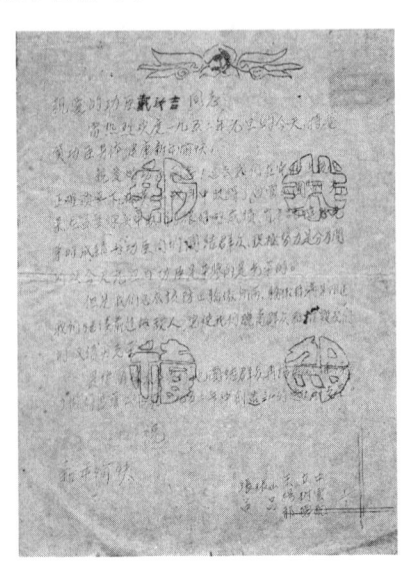

白云山团首长给功臣戴汝吉的信

白云山阻击战是第四次战役汉江南岸阻击战的一部分。白云山位于汉江南岸，左翼为光教山，右翼为帽落山，两山互为依托，方圆约十公里。由水原通往汉城的铁路、公路都经过这里。白云山主峰高540米，占领白云山，可控制通往汉城的铁路和公路。因而，这里成了第四次战役汉江南岸作战双方争夺的焦点。

在白云山地域担任防守任务是志愿军第50军447团。447团2营在白云山的主要防御点，其中6连以海拔440米的兄弟峰及其以南的328高地、西南的263.5高地为依托，配置在最前沿；4连配置在海拔588.6米高的光教山，并担任营的预备队；5连和营指挥所配置在海拔550.8米的核心阵地白云山上。

1951年1月25日，美军第25师先头部队进占水原，随即集中主力近400人在近百辆坦克、汽车掩护下进至水原，与坚守白云山前沿阵地的志愿军第50军447团形成对峙。第447团具体在水原以北白云山至东远里地区正面约9公里，纵深约6公里的地段上组织防御。27日2时10分，第447团3营以8连及师侦察连和团侦察排共200人组成突击队，乘美军立足未稳，利用夜间袭击水原。师侦察连和团侦

冒着敌人的炮火进入阵地

志愿军某团2营营长孙德功和教导员杨明在水原以北的兄弟峰阵地上指挥战斗

察排首先占领水原东北侧的岘南山高地,控制制高点,掩护8连攻击。18名志愿军战士首先冲进城内,直逼美军宪兵连驻地,美军顿时大乱。两小时激战后,毙伤俘美军60余名,突击队顺利返回原阵地。

为使兄弟峰前沿阵地不过早暴露,并迟滞敌人的进攻,6连派2个步兵战斗小组配属轻机枪1挺,在前沿阵地前处设伏,待敌人进入我伏击位置前100米处时,伏击组突然开火,以伤1人的代价,毙、伤敌20名,将敌击溃。美军溃退后,恼羞成怒,出动了30余架次飞机,对我阵地一阵狂轰滥炸,并投掷了大量的凝固汽油弹,阵地一片火海。

拂晓,美军第25师1个营,在5辆坦克配合下,分3路向第447团防守的白云山前卫阵地兄弟峰发起进攻。志愿军第447团为了不过早地暴露自己,打乱美军的进攻部署,以3个连兵力,预伏在兄弟峰下的杜陵等地。当其进入伏击圈时,立刻炮火齐鸣,毙伤其60多人。29日晨,美军在30余架飞机、30余门大炮掩护下,攻占了328高地和西峰。下午,第447团反击立足未稳的西峰美军,恢复已失阵地。

"白云山团"的来历

某部经过5次反击，夺回白云山前沿的高地

30日，美军以50架飞机、30多门炮向第447团阵地狂轰滥炸1小时之久，炸弹、凝固汽油弹和炮弹，炸翻了土地，炸烂了石头，烧红了山岩，烧红了天。随后500多名步兵在烟幕弹掩护下向兄弟峰发动更加猛烈的攻击。西峰昼间被美军占领，夜间就被志愿军夺回。坚守在东峰的第447团6连，面对美军一次比一次更疯狂的进攻，不怕牺牲，前仆后继，两天内勇敢地打退美军8次冲锋，当阵地上只剩下指导员和3名战士，弹药殆尽时，仍巧妙利用地形，以"人在阵地在"的决心顽强

在修理山阻击战中，某部2排在子弹打完之后，用石头打击敌人

坚持战斗。在第447团与美军反复争夺的战斗中，守备261.5高地一支分队，与美军激战4小时，全部阵亡。第447团历时5昼夜激战，共击退美军20多次冲击，毙伤敌300多人，于31日夜主动撤离兄弟峰阵地。

此后，第447团为加强对白云山阵地的防守，及时调整了部署。2月1日拂晓，美军以30多门火炮、20余架飞机掩护200多人，进攻光教山，并投掷大量燃烧弹。在此守备的第447团4连，与敌激战终日，由于双方力量悬殊，16时，阵地被美军占领。为迅速恢复志愿军的防御态势，第447团组织力量向光教山实施反击，半小时后恢复阵地。此后，双方不断地进行激烈的争夺战。3日，美军出动20余架飞机、80余门火炮、30辆坦克，向光教山及白云山猛烈轰击，掩护500余人，分成3路发动了更加猛烈的进攻。8连在光教山与美军血战，打退其4次冲锋，但终因伤亡过重，弹药耗尽，阵地失守。随即，美军以光教山为依托，在飞机、炮火掩护下，以一至两个营的兵力，向第447团阵地连续冲击7次，第447团以少数人员轮番阻击，始终保持火力不断，一次次打退美军的进攻。5日，美军以航空兵和炮兵整日对白云山轰炸扫射。当晚，第447团达成阻击目的后，主动撤出白云山阵地。

在白云山地区阻击战中，第447团与狂妄的美军第25师激战11昼夜，以344人伤亡代价，毙敌1 200余人，胜利完成了阻击任务。

战士穆新和两次负伤仍坚守阵地

攻打鸡鸣山

1951年4月22日，为粉碎美军企图将战线推进到"三八线"及其以北地区，并在朝鲜半岛蜂腰部建立新线的计划，抗美援朝战争的第五次战役打响。到4月28日战役的第一阶段结束，位于战线西部的"联合国军"主力被迫退守汉城及北汉江、昭阳江南岸。5月中旬，志愿军和人民军经过调整部署，于16日向敌军发起猛烈进攻，战役进入第二阶段。志愿军第27军81师242团8连奉命攻打鸡鸣山。

连长于喜田在营里接受任务后，深感任务艰巨、责任重大，就急匆匆地赶回连里。

志愿军战士冲上某高地

某部与敌人争夺高地

鸡鸣山距敌主阵地约10公里，鸡鸣山后有一条通往扬口的公路，公路的另一侧是敌人的主阵地。拿下鸡鸣山，大部队便可以直插敌阵，攻打鸡鸣山便成了战役进程的关键一步，对战役的胜利起着至关重要的作用。

根据对鸡鸣山地区的侦察，鸡鸣山由三个山峰组成，地势险要，易守难攻。经过支委会的研究，做出如下战斗部署：先由于连长带领第3排攻占第一个山峰；攻下后兵分两路，一路由于连长带领三排向第二个山峰攻击；一路由副连长黄仁德带领1排直插鸡鸣山主峰——671高地；2排为预备队。

这天夜里，冒着连绵的细雨，部队开始向鸡鸣山的两个山峰接近。道路崎岖，山高坡陡，为了加大对敌的打击力度，除了每人一支步枪，还带着4挺轻机枪、1挺重机枪和足够的弹药。

经过奋力攀登，终于到达第一个山头，山上的敌人还没弄清怎么回事，就被8连的先头部队打得四处逃散，很快第一个山头被攻下。还没等敌人喘息，于连长又带领3排攻下了第二个山头。

战场情况，瞬息万变。当于连长站在山顶，抬头一望，不觉吃了一惊。借着美军照明弹的余光,发现前面还有三个山头。

于喜田正在疑惑:"难道是打错了?"

这时候副连长黄红德赶了上来,说:"刚刚侦察前方的情况,这座山下是一条大沟,离鸡鸣山主峰还很远。"

情况变得这样复杂,这与侦察的情况有出入。不管现在报告营部调整部署,或是派部队增援都已来不及了。

于喜田沉思片刻,当即做出决定:调整战斗方案,往前打,遇上敌人就打,遇上山头就攻,直到拿下鸡鸣山主峰,为大部队扫清道路。

从第二个山头下来,8连就向前方的山头猛攻。溃退的敌人,向鸡鸣山主峰逃跑,8连紧追不舍,一连攻下五个山头。这时,于连长才猛然发现,鸡鸣山附近,何止三五个山头,在侦察时看到的两个山峰后面有一连串小山头,被两座山峰遮挡着,所以侦察分队没有发现。

只有前进,没有退路。于连长带领8连,一路奋战。拂晓前,他们终于打到了鸡鸣山主峰脚下。于喜田将8连兵分两路,从两个侧面攻向主峰,副连长指挥4挺轻机枪一起向敌群扫射,敌人四处

某部战斗模范班的勇士们在金化以北的鸡雄山阵地上痛歼敌人

在临津江南岸，我志愿军与敌人展开阵地争夺战

逃窜，当天色微亮时，主峰已被全部拿下。

敌人不甘心失掉鸡鸣山，在猛烈的炮火轰击下，连续实施反冲击。从天亮直到太阳落山，战斗没有停息。

傍晚，敌人见夺取主峰无望，便停止了攻击，纷纷撤退。8连接到上级指示："志愿军大部队已顺利插向敌人主阵地，8连在大部队到达后，随部队前进。"

由于8连的猛烈进攻，使大部队顺利插入敌后，截断了县里地区南朝鲜军4个师的退路。

在这一天一夜的战斗中，于喜田带领8连一共攻下了11个山头，打垮敌人9次反冲击，歼敌100多人。战后，志愿军司令部通令嘉奖了于喜田所在部队，于喜田荣立一等功，获一级"战斗英雄"称号。

特等功臣、一级英雄于喜田

志愿军首次陆空协同作战

朝鲜的西海岸，有众多的岛屿，在这些岛屿上，驻扎着美军和南朝鲜军的情报部队。1951年，为解除朝鲜西海岸沿海岛屿敌军情报部队对志愿军侧后的威胁，同时，配合板门店"关于岛屿部队撤退问题"的谈判，志愿军司令部命令第50军收复朝鲜西海岸的岛屿。

为尽快收复这些岛屿，志愿军司令部派空军支援这次攻岛作战。这是中国人民解放军建军史上首次陆空协同作战。

第50军军长曾泽生接受任务以后，指挥部队首先收复了临近海岸的一些岛屿。而离海岸约十公里处的大和岛与小和岛的收复，就当时志愿军的作战能力来说，却成了一道难题。

大和岛与小和岛位于朝鲜的西海岸，两个岛屿均为岩石陡壁，攀登困难。岛上美军守卫非常严密，配有各种火炮和火焰喷射器，地堡暗道密布，并有远程炮火和飞机的支援。美国海军的两艘军舰每天晚上都停泊在大和岛南侧，保护这两个岛屿。美军舰艇虽然只是六千吨的轻型军舰，但对没有海军的志愿军来说，要想攻岛，真是一次难度很大的战斗。此时的志愿军空军刚刚组建，人民军队建军史上首次陆空协作作战，就在这样的条件下拉开了序幕。

第50军148师442团担负起了海军陆战队的作战任务，实行对大、小和岛的渡海登陆作战。

1951年11月28日，在志愿军炮兵部队的火力掩护下，渡海

部队强行登陆后,迅速组织火力,打击增援的敌舰,掩护后续部队前进

作战部队在铁山半岛海岸集结。

29日夜间9时,志愿军空军9架"图-2"轰炸机飞越海面,执行轰炸大和岛及在港口停泊的美海军军舰的任务。第一排炸弹发着尖厉的啸叫声落了下去,爆炸的火光映红了海面。美军舰上的防空炮火也开始对空射击。高射炮弹炸开的火球密布志愿军轰炸机周围。

担任登陆作战任务的步兵第442团配备8门迫击炮、6门无后坐力炮、3挺高射机枪、4门山炮、3门战防炮;30艘登陆船、7艘炮兵火力船、3艘救护船。

当天晚上6点30分,登陆部队从登串洞港口起航,在星光中向茫茫大海深处驶去。

晚上9点20分,登陆部队到达距大和岛1 500米处的预定海域,岛上一片漆黑,天空中却是星光灿烂。这时空中从北往南鸣响着滚雷般的轰鸣声,志愿军轰炸机群和护航歼击机群飞临大和岛上空。在歼击机的掩护下,轰炸机开始对大和岛的目标进行轰炸。闷雷般的爆炸声震得海水都在荡漾,冲天的火焰映红了整个海面。岸上的榴弹炮群和野炮群也开始向岛上的目标进行轰击,飞机的重磅炸弹和密集炮弹连续的爆炸使得整座岛变成了一座火焰山,海水映得一片通红。

第50军攻岛部队乘坐安东市提供的机帆船向大、小和岛进发。为了躲避志愿军空军飞机的轰炸,美军的两艘军舰没有停泊在原来的位置,它们已经驶离了大和岛屿,正躲藏在附近,窥视着志愿军登陆部队,准备在适当时候拦截我登陆船队。

美军从航空母舰起飞了9架战斗机,想袭击志愿军轰炸机群,志愿军的护航战斗机截住了美军飞机,双方展开了一场大空战。美军一直以为志愿军即使有几架飞机,也没有什么战斗力,志愿军飞行员没有空战经验,无法与参加过第二次世界大战的飞行员相比。

谁知志愿军护航飞机直插美军机群,冲乱了美军飞机的战斗队形。志愿军飞行员以无畏的精神贴近美军飞机开炮。夜空中炮声"咚咚咚"响个不停,机关炮喷出一串串曳光弹。有两架美军飞机被打得凌空爆炸,有三架飞机往南窜逃而去,剩下的四架一看大事不妙也脱离战区往南飞去。志愿军空军大获全胜。

大和岛上依然火焰熊熊,志愿军空军轰炸大和岛及与美军飞

先头部队攻占椴岛制高点烟台峰后,继续追歼逃敌

机的空战前后大约只有五分钟的时间。空中搏杀后，志愿军海岸炮对大和岛实施炮击，夜幕下炮弹飞过，划出的弧光闪电般眩目，隆隆的爆炸声连成了一片。

22点零5分，两个连的登陆部队首先在小和岛登陆。

此时，隐蔽在漆黑的海面上的两艘美军军舰，从大和岛东南边的海面上现了出来，一发发照明弹把海面照得亮如白昼，我登陆部队全部暴露在海面上。美军军舰上的舰炮和舰上的火力朝我登陆部队轰击过来，炮弹爆炸掀起了一股股冲天水柱，一只登陆船被炮弹掀起的水柱掀了起来，翻入海中，船上的士兵全部落水。掩护部队登陆的7只火力船，分出3艘加大马力向美军军舰靠过去，装有穿甲弹头的战防炮弹向美舰飞去，船上的高射机枪和重机枪也向美军军舰扫射。其余的火力船继续掩护登陆部队向大小和岛登陆。

志愿军在攻占西海岸大、小和岛等岛屿时，在艾岛缴获敌特功人员使用的信号枪

22点10分，在火力船炮火掩护下的3营的船队分别在大和岛的龙尾、灯塔一带登陆，先头部队抢占了滩头，巩固住了阵地，打出了三发红色信号弹。后续部队随即潮水般涌上了沙滩，以迅猛之势向残敌冲了过去。

22点55分，全岛表面已经被志愿军攻占，残敌退到了山峡石洞中继续抵抗。442团把消息报告给148师师长，同时布置好阵地，肃清岛上的残敌。

曾泽生军长听到全岛已经顺利被我军占领，正在肃清岛上的残敌时，终于松了一口气。

美军的两艘军舰排水量各为6 000吨，最高航速为32节，属于轻型军舰，舰上装有12门火炮，主炮为150毫米口径的滑膛炮，两个鱼雷发射器，四挺高射机关炮，乘员150名。而我军的火力船重量仅为三百吨，船身包有铁皮，没有装甲。主炮为75毫米口径的战

勇士们通过开阔地，向264.4高地的敌人发起冲击

防炮，防弹钢板仅有25毫米厚，配有穿甲弹头和破甲弹头；船上还有一挺高射机枪，配有穿甲弹头，其余武器均为步兵所用的轻重机关枪和苏式反坦克手雷。对方是参加过二次大战的美国海军，而我方指战员多数都是穿上军衣的农民，其中少数战士和营连级以上的官兵参加过抗日战争，但没有与海军打过仗，而多数战士都是土地改革以后翻身的青年农民，没有认识几个字，更不用说见识过军舰了。从双方武器装备和各方面来看，志愿军没有任何赢的希望，即使用船去撞击美舰和对方同归于尽，但凭三百吨重的船的冲力，对方可以说毫发未损，而自己只能粉身碎骨。

志愿军指战员很清楚，这场海战如何对自己不利。唯一的希望在于逼上去，让美舰炮火难以发挥作用，否则，不要说与对方作战，美军军舰上发出的一发炮弹就足以把火力船掀翻。

美军舰艇打出无数颗照明弹，这好比提着灯笼走夜路，拿灯的人看不清路面，只有旁边的人看得清楚。火力船关闭所有灯光，在亮如白昼的海面一边开火掩护吸引美舰注意，一边加大马力向美舰冲去。船头的水面犁出无数朵浪花，美军舰上打来的炮弹全都落在船后面的海里，炮弹的爆炸激起了冲天水柱，水柱一碎开就成了无数道的水幕四处溅落。美军军舰上的探照灯也像一把巨大的利剑，晃来晃去搜寻着目标。火力船上的高射机枪"突突突"扫过几梭子弹，分别击灭了两艘军舰上的探照灯。

三艘火力船上的战防炮也把穿甲弹向美军舰打去。由于我志愿军指战员接近美舰开火，美舰上的炮火威力难以发挥，只有挨打而无法还手。一艘军舰被我战防炮命中无数炮弹后起火，退出了战斗。另一艘军舰只能用舰上枪关炮还击，掩护受伤的军舰撤离。我火力船只初战告捷后正准备返航时，又来了四艘美舰对我火力船只进行拦截。此时那艘起火的美军军舰上的弹药库被大火引爆，只听远处传来几声"轰隆隆"的巨响，天边红光闪烁了几分钟后，慢慢消失了，美军军舰沉入到了海底。最先与我军交战的那艘美舰也退出了战斗，去救援那些落水的美国海军官兵去了。

指战员们勇气倍增，以单薄的火力和与四艘美军军舰奋战，四艘美军军舰上的炮火铺天盖地般打了过来，无数股冲天的水柱排山倒海般向我火力船卷来。一只火力船被炮弹命中，数百吨重的船变

在强大炮火的支援下，勇士们以神速的动作登上大和岛

指战员们热烈欢呼大和岛解放

成了无数块破碎的木片,随着爆炸掀起的水柱飞上了空中又慢慢落入大海。其余两只火力船只好往后撤,退到我海岸炮火的射程范围,追来的美军军舰只得在远处的海域游弋,偶尔打来几炮示一下威风,如此而已。

攻占了大和岛的442团官兵,经过三天的搜索战斗,肃清了岛上的全部美伪军,除了击毙岛上的美伪特务和守军外,还俘获了208名俘虏,其中英军军官三人,美军军官一人。

这次第50军渡海作战规模虽然不大,却是我军首次陆空配合的与美国海军、空军直接交锋的一次战斗,为我军现代化合成军兵种配合作战摸索了经验,意义非常重大。

狙击英雄

在志愿军的战斗英雄中,有一个年仅22岁的年轻战士,成为中国狙击作战史上的重要人物,他就是志愿军第24军72师214团8连战士张桃芳。1953年春,志愿军部队全面开展冷枪冷炮杀敌作战,在金化郡上甘岭阻击战中,张桃芳用442发子弹,歼敌214名,创造了朝鲜前线我军冷枪杀敌的最高纪录。

1952年春,张桃芳还是个刚上前线三个多月的新战士。对于张桃芳这个入伍不久,打靶曾剃过"光头"的初战者来说,要打着敌人并非易事。第一天上狙击台,两个敌人在距他不到100米的地方

著名的冷枪手张桃芳,在32天中,以442发子弹打死打伤敌人214名

走动，张桃芳连打12枪，结果连敌人的衣服都没擦到。

班长拍着他的肩膀，安慰说："难怪你打不到敌人，是你还没有掌握打'活靶'的规律。"班长耐心地教他上山的敌人该怎样打，下山的敌人该怎样打，走得快的该怎样打，走得慢的该怎样打，班长的话使他恍然大悟。

再上狙击台，张桃芳向山下的三个敌人射击。他找准了其中的第一个人，谁知"叭"的一声，却击中了第二名敌人。这是回事呢？真把张桃芳弄蒙了。班长又耐心地给他讲解，怎样对付下山的敌人。他认真听、仔细揣摩体会。结果有一天狙击下来，他撂倒了4个敌人。张桃芳紧锁的眉头，终于舒展开来。

在冷枪杀敌运动中，某部7连3班在14天中消灭敌人64名，这是班长许禄石向战士们介绍经验

可是杀敌心切的张桃芳不甘心一天击毙4个敌人的记录。在阵地上，他和战友们专心观察敌人活动的道路，休息和出没的地方，只要发现目标，枪声响敌人就要丧命了。

一次，张桃芳把枪放在射击口上，忽听观察员喊了一声"注意，二号发现活靶。"张桃芳举枪便射，"叭"的一声，这个敌人立即倒下接着便滚下山去。原来 这是个挑油桶的敌人，中弹倒下时，油桶也随着滚下，尸体上溅满了油。

战友们哈哈笑着说："美国佬临死还揩油呢。"

还有一次，张桃芳在射击台上发现两个敌人吵架，越吵越凶。张桃芳可乐了，说："我给你们拉拉架吧。""叭叭"两枪送两个敌人

7连在狙击活动中打死打伤敌人208名，这是指导员在作总结

上了西天。吵架当然平息了。

在18天的战斗中，张桃芳用220发子弹，消灭了敌人71名，差不多每3发子弹报销1名敌人。他所在的班立了三等功，张桃芳光荣地加入了新民主主义青年团。

上级领导为了进一步培养这名战绩卓著的狙击手，调他到狙击训练队学习了两星期。在这里，他向其他阵地上的战友们学习了不少宝贵经验，他的射击技术又提高了一步。

张桃芳的名字已经令敌人闻风丧胆，敌人开始用六〇炮报复狙击手，开始了一场炮与枪的较量。

敌人一会机枪扫射，一会炮轰，将张桃芳伏击掩体的四周打得硝烟弥漫。然而精明的张桃芳却没有伤一根毫毛。等一个敌人探出脑壳探听"胜利成果"时，张桃芳又是"叭"的一枪，这个敌人便栽倒下去。一个投降了的敌兵竖起大拇指说："你们的狙击手说打脑袋不打脖子，太厉害了。"

恼羞成怒的敌人继续组织更疯狂的反击。在张桃芳的隐蔽处，是一块100多米高的石头,敌人对着这块石头猛轰,石头被弹片削得矮了一大截,然而我们英雄的狙击手仍顽强地坚守在阵地上。

敌人的反扑,以失败面告终。尽管如此,敌人还在继续耍花样,为了侦察我狙击手的准确位置,狡猾的敌人扎了四个草人,在草人的掩护下用望远镜观察目标。张桃芳从阳光照射下的望远镜的反光中发现了敌人,"好小子,你想来参观我们的阵地吗,对不起,我们阵地谢绝参观!""叭…"枪声响了,敌人一个个倒下去,新花招又失败了。

这一天的黎明时分,张桃芳登上1号狙击台。1号狙击台位置是一块巨大的青石,张桃芳在青石的两侧各放了一支步骑枪,这样同一块阵地可以变换角度射击,而大青石可以当作掩体。

敌人的炮兵观察员出来了,和以往一样,他依然在反复的试探。在确认没有危险之后,他再次登上了一个制高点。在他第四次出来的时候,张桃芳果断射击。

张桃芳知道,对面的炮兵观察员绝对不止一个。果然,目标再

在一次射击技术表演时,张桃芳用6发子弹打下了5只小鸟,军首长亲自用望远镜进行观看

在张桃芳的帮助下，同班战友黄兴海也毙、伤敌百名以上，这是黄兴海向大家介绍经验

次出现了。目标也许在有意吸引狙击手暴露位置，张桃芳没有贸然射击，他必须找到一个最佳的射击角度。他研究了敌人的行动方向，一弹就结果了敌人。

一天之内，张桃芳连续得手，三名炮兵观察员被尽数消灭，这相当于在一段时间内，毁掉了敌军炮兵的眼睛。

有一次，张桃芳潜伏在2号射击位置，对面主阵地上很少有人会轻易暴露目标，张桃芳不得不把搜索范围扩大，先天远视眼的优势为他增加了不少便利。在正南和西南高地之间的山谷中，有一条已经干枯的小河。河上有一座小桥，经常有往返的美军士兵从桥上穿过。张桃芳伸出手指，大致目测了一下，距离约有800米。

一个黑点进入张桃芳的视线，张桃芳仔细观察黑点运动的规律。很快，张桃芳发现，那个黑点不仅仅向纵深方向移动，而且同时在横向左右摇摆。没想到这个家伙这么狡猾，他走路不是直走，他是花步走，张桃芳根据走的花步，人的高度，走路的速度，最后选好瞄准点，准确击毙了这个敌人。

这一天，张桃芳连续在800米的距离，两次击发成功，创造出志愿军中普通步枪最远射杀纪录。

在狙击战中，张桃芳的所在班消灭760名敌人，差不多等于两个营。张桃芳一个人消灭的敌人几乎是两个连。他怀着对祖国对人民深沉的爱，怀着对敌人的仇恨，用一杆枪，谱写了现代战争史上狙击敌人的最高纪录。

1953年，中国人民志愿军领导机关为张桃芳记特等功，朝鲜民主主义人民共和国最高人民会议常务委员会授予张桃芳一级国旗勋章。作为志愿军的优秀代表，张桃芳光荣地出席了全国第二届青年代表大会，并受到毛主席的亲切接见。

无敌坑道里的战斗

如果说抗美援朝战争的胜利有许多因素,其中志愿军巩固阵地过程中修建的无敌坑道,是众多因素中的重要因素。依托坑道作战是志愿军在阵地作战阶段取得胜利的基本保障。

1951年7月,志愿军与"联合国军"在三八线地区形成阵地对峙状态,抗美援朝战争进入阵地战阶段。在粉碎敌人发动的夏、秋季攻势作战中,志愿军虽然取得了重大胜利,歼灭了大量的敌人,打退了"联合国军"的进攻,但也付出了沉重的代价。其主要原因是阵地工事不坚固,阵地防御系统不完善。面对具有现代化装备的敌人所发动的攻势,很难有效地保存有生力量,更无法稳定持久地作战。简单的防御工事,已不能适应现代战争的要求。为了适应现代条件下防御作战的要求,利用阵地大量杀伤和消灭敌人,有效地保存自己,志愿军领导机关号召各部队,在巩固阵地上下功夫。在对敌作战中,志愿军官兵不断总结打击敌人保存自己的经验,战士们将阵地上的防炮洞之间挖通,改造成马蹄形的

坑道工事,既可攻,又可守

利用战斗间隙，开展练兵活动

小坑道，从而出现了坑道工事的雏形。这种工事的出现，能在敌机轰炸和猛烈炮火的攻击下，较好地保存有生力量，有助于阵地防御的稳定性。志愿军司令部充分肯定了这一群众性创造，立即通报全军推广，并提出不断完善和发展的要求。根据志愿军各部队巩固阵地的经验，1951年9月16日，志愿军司令部指示各部队："以后我军重要阵地，必须是隧道式的据点，特别是核心阵地，工事强度要求能抵御榴弹炮的轰击。"为了加强和巩固已占领的阵地，建立完整的防御体系，志愿军部队和朝鲜人民军一起在防御全线，掀起了大规模构筑坑道工事的热潮。

到1952年初，志愿军的坑道工事已初具规模。志愿军司令部及时发出指示，提出坑道工事必须达到"七防"的要求，即防空、防炮、防毒、防雨、防潮、防火、防寒。

为了在志愿军防御战线建立起完善的防御体系，第一防御地带工事完成后，志愿军部队便开始建立第二防御地带、第三防御地带和重点地区核心工事。对东、西海岸和地形平坦地区，则构筑永久性工事。到1952年秋,在横贯朝鲜半岛250公里的战线上,志愿军广大指战员经过艰苦努力,建成了一条具有20至30公里纵深的以坑道为骨干的、支撑点式的防御体系。全军共构筑坑道1250公里,挖堑壕交通壕6240公里。

1952年8月,毛泽东主席高度评价了无敌坑道和坑道作战:"能不能守,这个问题解决了。办法是钻洞子……敌人对我们没有办法。""吃的问题,也就是保证给养的问题,很久不能解决。当时就不晓得挖洞子,把粮食放在洞子里。现在晓得了,每个师都有三个月的粮食,都有仓库,还有礼堂,生活很好。""现在是方针明确,阵地巩固,供给有保证,每个战士都懂得要坚持到底。"

在此后的作战中,志愿军依托坑道,胜利完成了全线战术性反击作战;打赢了在世界战争史上堪称最为艰苦和残酷的上甘岭战役;取得了1953年夏季反击战役的胜利。

现选取几个坑道作战的故事,奉献给读者。

地下与地上的斗争

在志愿军坚守坑道的作战中,有时候表面阵地被敌人占领,志愿军战士就退守坑道内,与敌人进行战斗。

那是1952年10月,"联合国军"又开始了对志愿军防守阵地的攻击,敌人的火炮和机枪向志愿军防守的坑道口猛烈攻击。

志愿军战士们伏在洞口的工事后面,面对敌人的进攻,总想进行还击。有几个沉不住气的,就问教导员,什么时候出击呀。接着就是争先恐后的请求声:"教导员,再出击该派我了。""教导员,我一次还没有出去过呢!"

敌人连续用手榴弹、炸药加硫磺弹破坏我坑道无效后,还在坑道左右修上暗堡,配合炮火来封锁与摧毁坑道。这种频繁的破坏,使虚土、碎石子在坑道口越堆越高,几乎堵塞了出口。战士的伤亡也逐渐增加。

无敌坑道里的战斗

为了对付敌人的地堡，有效地打击敌人，战士们想了许多掀掉敌人的地堡办法。从此，敌人把地堡安在哪里，安多少，就打掉它多少。不仅把它们从坑道口附近赶跑，而且要消灭它。

敌人这一手被击破了，又变换花招：

在坑道里进行对敌反击的准备

用铁丝网在坑道外筑起层层的围墙，想把志愿军战士围困在里面。坑道的战士和守卫在远方的炮兵一联络，一阵炮火，就把它给砸烂了。

敌人还不死心。这天刚黑，敌人便偷偷向洞口摸来，黑压压的一片。战士们用步话机员联络炮火。步话机员叫道："喂！哨兵！哨兵！门口有老鼠，放狸猫！放狸猫！"

顿时，强大的炮火，一排排呼啸着飞来，洞口外面变成一片火海。偷袭的敌人被消灭了。

就这样，在艰苦条件下，坚持着坑道斗争，最后反击的时刻终于到来了。

志愿军以强大的炮火，像暴风雨般地怒吼起来。坑道里的战士沸腾起来了：有的喊口号，有的准备武器，收拾鞋子，有的用毛巾揩掉脸上的灰尘，准备大反击，迎接胜利！

炮火摧毁了表面阵地，向前方突然延伸了，紧接着延伸的炮火又突然回过头来，再一次扫荡表面阵地。敌人遭到反复地痛击。

坑道内的战士，除伤员外，全部打出坑道，在山顶上，与各路增援上来的兄弟连队胜利会师了。

夜探坑道口

坚守坑道，最大的问题就是缺水、缺粮、缺弹药。阵地被敌炮火摧毁了，派去支援的人连坑道口都找不到。为了给坑道的战友们送上所需的物品，上级组成了一个三人的小分队，去完成这个艰巨的任务。

夜里，战士们出发了。

越过一座高山，就是敌人炮火封锁区。这时候，敌人正在打炮，弹片呼啸着在夜空里到处乱飞。照明弹好像藏在薄云里的月亮，在烟雾里放着黯淡的黄光。为了不让敌人发觉，战士们停在凹地里。一个叫王元和的战士，郑重其事地数着每分钟炮弹爆炸的数目，但只数了半分钟，就数不清究竟有多少炮弹爆炸了。

战士们冒着呛人的烟尘，只隔两三米远，却谁也看不见谁。每跑两步，就互相喊一声，彼此互相照应着，胆量就大得多了。

终于，穿过了这段封锁区，在一条河沟旁的石岩背后停下来。

战士们整装待发，准备向敌人发起进攻

这里的烟尘稀薄了,照明弹也明亮起来,在岩石上向前眺望,四十米远处就是要去的那个山头。战士们又仔细地观察着,忽然发现山腰有个灰蒙蒙的土堆,好像挖坑道时挖出来的石块;敌人的机枪不时向那里扫射着,照明弹在它的上空照得如同白昼。因此,战士们断定坑道口一定在那个地方。

看着那灰色的土堆,他们决定在照明弹熄灭时就往前猛跑,照明弹一亮就卧倒,就是负伤,爬也要爬到坑道里去。

当他们刚刚前进了二十米,敌人的照明弹却一个接一个地挂在半空,长久不熄。

他们伏在松土上,不出声地大口地喘气。沙土充满了弹药味,把鼻孔刺激得发痒,光想打喷嚏,他们用最大的努力抑制住。

在一阵机枪的扫射中,那个叫王元和的战士牺牲了,另一名战士也负了重伤。只剩下一名战士了,这个任务就落在他一个人身上了。

他站起身来,拼命地向前跑,当照明弹挂在他的头上时,他已经跑到灰色土堆的附近了。

他爬来爬去地寻找坑道口,但找了好久也没有找到。刚才的判断莫非错了吗?会不会摸到敌人窝里呢?正踌躇不定,忽听前面有人轻轻地吹口哨,接着又轻轻地喊:"送弹药的这里来,送弹药的这里来。"这下可找到了!这个战士赶紧向前爬去。一抬头,在喊话的地方,有个钢盔晃悠了一下,他忽然警觉起来:敌人!差点受骗!怎么会说中国话呢?真狡猾!他立即慢慢地溜下来。

敌人机枪射出的子弹,"嗤嗤"地打在他周围。他肯定坑道口一定在这周围。可是,那么大的洞口怎么会看不见呢?镇静点儿,再仔细点儿。不久,就在灰蒙蒙的石堆里,发现一小片黑的地方,他急忙爬过去,一看,正好是一个水桶大小的洞口,把脸凑近它,立刻感到一股股热气扑到脸上,并听到里面有铁锹铲土的响声。刚想和里边联系一下,却突然打过来一排子弹和手榴弹,弹皮撕破了衣服，酥土把他的半截身子都埋住了。

"谁？"坑道里突然有人厉声地喊叫道。

"我，运输员。"他从酥土里面爬出来，一头钻进坑道里。那个厉声喊叫的同志愣了许久，才猛地把枪挎在身上，张开两臂，用力地搂住了他的脖子，并仰头高喊："同志们，首长派人来啦！"

志愿军修筑坑道使用的工具

全坑道都沸腾起来了，到处喊着："首长派人来啦！首长派人来啦！"连那些负伤的同志也叫别人扶过来了。他的一双手，被几十双乌黑的手不停地握着。

从此，这个战士成为火线上的向导。每天夜里，都带着运输部队把弹药、罐头、苹果、糖和无数的慰问信送进坑道，又带着英雄们的胜利消息回来。

十七壶水

有一天，王明和李友文同志把十七只军用水壶装满了水，把壶口塞严，挂在肩上，腰间用皮带扎紧，在坑道里爬行着试了试，还好，虽说重一些，但还不妨碍爬行。

等身上一切都扎束停当后，他们向教导员敬礼告别道："教导员，我们回去啦！"

"慢一点！"教导员伸手拦住我们，他看了看手表，亲切地说道："现在还不到七点，外面天还没有黑透，你们可以先吃饱肚子，喝足了水，等一会再走。"

虽然教导员负责坚守的这个坑道和山上的坑道一样，也是处

无敌坑道里的战斗

在敌人的包围中,但是,这个坑道毕竟离山顶远一些,战斗消耗少一些,特别是由于坑道的位置在山的凹部,所以坑道里面的岩石缝中有泉水流出。这就比王明和营长坚守的那条干巴巴的山顶坑道要优越得多啦!当他们坑道断水以后,为了同志们的生命和战斗的胜利,王明和李友文同志就自告奋勇来这里取水。

他们吃了饼干,喝饱了水,教导员把他们送到坑道口,外面天已经漆黑了。坑道口的掩体上架了一挺机枪,直对着山顶,不用说这是教导员专门布置的掩护他们的。教导员握了握他们的手,低声叮咛道:"要沉住气,不要急躁,慢慢地爬,不要大意!"他们趁着敌人炮火比较稀少的时候,悄悄地爬出了坑道,背着沉重的水壶,向着山顶爬去。

从这里到山顶坑道之间的道路,经过这些日子的战斗,这里的一切都变了,两个坑道间的交通沟没有了,只有大大小小的弹坑密密地排在山坡上。他们来的时候,就是费了好大事才找到坑道口的。因此,在爬了一段之后,他们就停下来,想仔细察看一下道路。

突然,"叭"的一声,照明弹在他们头上亮了,被风吹得忽东忽西地晃悠着。他们只好耐心地伏着等它熄灭。这时,趁着它的亮光仔细地观察了山坡上的道路:从右边斜看上去,一百米左右就是接近山顶的残破的交通沟,那里有一处被打破的大缺口,再一转弯就是

志愿军指战员用自己的双手穿山凿石,掏通一座座高山峻岭,构筑起坚固的"地下长城",这是在总结依托坑道对敌斗争的经验

123

坑道口了。

照明弹刚灭，王明就让李友文先往前爬。他爬得很慢，在他爬过的地方，留下了一道长长的土沟，像两块菜畦中间的水沟一样。突然，照明弹亮了，他们只得停下来。"老天啊！照这样，天明也爬不到啊！"

影影绰绰地看到李友文快爬到交通沟了，王明很高兴，但，一下子又使他吃惊了：在照明弹照耀下李文友，直起身子跑了起来。刹那间，敌人向他投去手榴弹。烟尘将交通沟严严实实地遮住了，接着敌人的机枪、手榴弹向这一带山坡打来。王明急忙滚到一个炮弹坑里。子弹在他身边乱叫乱钻，眼前像一口炒花生的大锅，乒乓扑哧响成一片。他不顾一切地爬到李友文同志趴着的地方，喊他不应，推他不动，他牺牲了。

这时，一颗流弹打在王明面前的石头上，嘶的一声碰回来，擦着他的头皮掠过。这里不能久待，立刻把李友文身上背的水壶解下来，全部加在自己的身上，然后默默地向他告别。

整整有半小时，对面和两边山上的机枪才停止射击，但山顶还有三挺机枪在吼叫。王明耐心地等待着。忽然照明弹全部熄灭了，在一刹那，王明迅速地向山上爬去。

离山顶的敌人只剩下五六米了，右边就是坑道口。他正想继续前进，天空又亮起了照明弹，就挂在王明的头上。他一时紧张，往下滚了几步，随着滚动，塌下的酥土、碎石发出了响声。山顶上的一个敌人惊叫了起来。接着手榴弹、炸药包一齐打下来。他左臂受伤了，赶忙把所有的水壶用身体遮起来。

可是，他一刻也不能停在这里，坑道里已经断水好几天了。因为缺水，营长和同志们的嘴唇都裂开了血缝，吃饼干时一喘气，干燥的碎屑末从鼻孔里往外钻；步话机员渴得喉咙肿起来，还每天在嘶哑地呼喊；一些伤员同志们，躺在那里不时地发出微弱的要水的呼声；这些天来，水，成了我们坚持坑道战斗中的严重问题。只要有了水，战士们就能在敌人的重围中坚持到最后胜利；如果抢不到水，那么，不用敌人打，自己就会干死在坑道里。因此，只要能把这十七壶水送进坑道，战友们就能得救。王明的手榴弹早已在爬行中间丢掉了，就在一个工事里的烈士遗体上找到一个手雷。拉掉它的保险针，拿着往前爬去。

一寸一寸地向前挪动，终于爬到了坑道口前。当他支起身子打算攀过坑道口的墙时，被左边的那个敌人发觉了，他惊慌地举起枪来，没等他打响，王明手中的手雷就向他飞了过去。接着，王明一纵身，滚进了坑道，立刻就被战友们接住了。

抗美援朝战争辉煌的战绩，无疑是志愿军英勇作战、不畏强敌、不怕牺牲的伟大精神所创造的，也是志愿军聪明智慧所创造的，他们建设的无敌坑道和开展的坑道作战，是现代战争史上的伟大发明，是抗美援朝战争胜利的基础和坚强后盾。

激战上甘岭

如果您参观过抗美援朝纪念馆,您会在上甘岭战役这个展厅中,看到一盒碎石与岩石粉末,这些碎石与粉末中,夹杂着许多弹头与弹片,这就是上甘岭战役后,志愿军战士从阵地上采集留下作为纪念的。在他们随手搜集的碎石与粉末中,里面竟有十几个弹头与弹片。就让我们透过这些碎石,去追述一段惨烈的战斗故事吧。

上甘岭战役,堪称世界现代战争史上最为残酷的战役。在不到3.7平方公里的阵地上,交战双方共投入兵力达十万之众,包括飞机、坦克等现代兵器在内的各种武器达到前所未有的密集程度。当时美国新闻界评论说:"这次战役实际上变成了朝鲜战争中的'凡尔登'。"第一次世界大战中的凡尔登战役,曾被称为人类战争史上的"绞肉机"、"屠场"和"地狱"。上甘岭战役的残酷程度可想而知。然而,美国人说:"即使使用原子弹也不能把狙击兵岭(537.7高地北山)和爸爸山(597.9高地)上的共军全部消灭。"

军长秦基伟在听取英雄8连指导员王士根汇报在坑道内坚持战斗的情况

1952年10月,"联合国军"在志愿军和朝鲜人民军发动的全线战术性反击作战打击下,在战场上已经丧失了主动权。美国官方认为,志愿军的全线战术性反击作战,目的在于迫使美国接受中朝方面关于战俘遣返的方案。为了摆脱战场上和谈判中的被动处境,美国摆出了强硬姿态。提出在中立国的监督下对战俘进行分类遣返的方案,坚持强行扣留朝鲜人民军战俘。并且在军事上加强了对志愿军防御阵地的进攻,于10月14日,集中兵力、火力,向志愿军部队发动了自1951年秋季以来规模最大的以上甘岭地区为主要进攻目标的"金化攻势",从此拉开上甘岭战役的序幕。

　　上甘岭是朝鲜中部金化郡五圣山南麓的一个只有十余户人家的小村庄,是志愿军中部防线战略要地五圣山的前沿,位于五圣山主峰以南4公里处。五圣山位于金城、金化、平康三角地区中央,主峰海拔1061.7米,是志愿军防守战线中部的最高峰。五圣山西临平康平原,东扼金化至东海岸的公路,南距"联合国军"占据的金化只有7公里。

位于我志愿军597.9高地和537.7高地北山的两个山头阵地北面的五圣山

志愿军部队坚守在上甘岭阵地上

　　上甘岭战役的中心战场，位于五圣山以南的两个高地，东面是537.7高地北山，西面是597.9高地。两个高地中间有一个小村庄叫上甘岭，两个高地总面积3.7平方公里，是五圣山的前沿，也是五圣山的一道屏障。537.7高地北山与"联合国军"占据的537.7高地共处一条山梁，两个阵地相距仅150米。597.9高地由3个小山头组成，最高峰在南面，"联合国军"称为"三角形山"。该高地与"联合国军"占据的鸡雄山南北对峙，中间仅有一条公路相隔。上甘岭阵地是志愿军防御的要点，它直接控制金化至金城的公路和"联合国军"东线与中线的连接点。

　　对"联合国军"来说，志愿军占据五圣山及其前沿的两个高地，使"联合国军"倍感难受。两个高地向"联合国军"战线突出约12公里，且控制平康平原和通往东海岸的公路。对于志愿军而言，两个高地阵地突出，三面暴露在敌军的火力之下，防守任务十分艰巨，但又必须守住。如果两个高地失守，五圣山便直接受到威胁；而五圣山若失，"联合国军"可居高临下，凭借机械化部队的快速机动性，志愿军在平康平原就很难立足。如此重要的战略地位使上甘岭成为两军必争之地。

防守上甘岭地区的是志愿军第15军，军长秦基伟，政治委员谷景生。配属榴弹炮第20团、第11团1个营、第60军炮兵营、火箭炮第209团、坦克独立第1团三个连。第15军右翼为志愿军第38军，左翼为志愿军第12军。第15军的兵力部署是以44师加29师87团守卫发利峰、西方山地区；第29师守卫灵台、甄峰地区；第29师86团为军预备队。守卫五圣山的就是这次战役的主攻部队第15军45师，师长崔建功，政治委员聂济峰。上甘岭地区的597.9高地由45师135团9连防守，537.7高地北山由45师135团1连防守。为了使用炮火和便于作战指挥，45师将597.9高地编为14个阵地：沿高地的两条山脊，构成一个前三角形，由西北角向前至顶点分别为6、5、4、0、3号阵地；由东北角至顶点分别为2、8、1、3号阵地，3号阵地即为顶点。3号阵地西南是10号阵地，正面是9号阵地。东北山脚向东是11号阵地，11号阵地西南是14号阵地，东南是15号阵地。在11号阵地和15号阵地的东北角，就是以它的名字为战役命名的小村庄，大名鼎鼎并为世人皆知的上甘岭。小村庄以东隔一条山间公路就是537.7高地北山，这个高地分成9个阵地。沿山脊由北向南依次是1、2、3、7、8号阵地，左侧为9号阵地，右侧是4、5、6号阵地，8号阵地位于最前端。

为发动"金化攻势"，美军也积极调整部署，美第8集团军司令范佛里特亲自部署和指挥。担负进攻任务的是美9军第7师和南朝鲜军第2师。第7师31团部署在与上甘岭正面对峙

志愿军第15军45师师长崔建功在上甘岭战役中使用的望远镜

的鸡雄山阵地；美第40师开赴金化西南的芝浦里、云川地区；将美第1军的第3师调至铁原归第9军指挥。以美第7师主攻597.9高地，南朝鲜第2师主攻537.7高地北山。

10月12日，为了加强"金化攻势"的进攻力度，"联合国军"对上甘岭地区进行了两天的火力突击，14日又经过两个小时的炮火准备后，以美第7师、南朝鲜第2师各一部共7个营的兵力，在300门火炮、30余辆坦克、40余架飞机的支持下，兵分6路，由正面及两翼，三面包围，向597.9高地和537.7高地北山两个阵地发起猛烈进攻。防守在两个高地的志愿军立即进行顽强还击，世界军事史上最为残酷战役拉开了序幕。

战役的第一个阶段，双方反复争夺两个高地。最先与美军接火的是597.9高地11号阵地上9连的一个班，班长指挥全班立即投入战斗，在美军猛烈炮火下，很快蒙受了巨大伤亡，等打退美军四次冲锋后，全班就剩下一个战士了，他只好退入坑道坚持战斗。防守2号阵地的8连1排见11号阵地失守，排长立即组织两个班前去反击，力求乘敌立足未稳夺回阵地，但这两个班在半路上就遭到了美军炮火覆盖射击，只剩5个伤员被迫退回2号阵地，一排反击未成，反而损失兵力大半。11时许，2号阵地就因守备兵力伤亡殆尽而失守。东南的7号阵地因此陷入孤立，随即也被美军占领。只有最关键的9号阵地，由9连副指导员秦庚武指挥3排防守，秦庚武见美军炮火异常猛烈，如果在阵地上一下投入兵力越多，那么伤亡也就越多越快，所以他只在表面阵地上同时投入3个人，伤亡1个就从坑道里补充1个，打得从容不迫，9号阵地因此成为597.9高地的中流砥柱，始终顶住了美军的进攻。经一上午的激战，美军攻击部队第7师31团的2营、3营损失均超过了70%，便撤下去休整，换上第32团接着再战，一直打到黄昏，也未能攻下597.9高地。

537.7高地上，南朝鲜军第2师32团以一个营分三路发动猛攻，志愿军守备部队1连依托被炮火严重摧毁的阵地英勇坚守。南朝鲜军地面部队攻击连连被击退，只得召唤美军的航空兵火力支援，美军出动了20余架B-26轰炸机投掷凝固汽油弹，阵地成为一片火海，南朝鲜军乘势猛攻，最前沿的8号阵地只剩下3个伤员，无力再战，正准备退入坑道，却被已经冲上阵地的南朝鲜军的一挺机枪压制在离坑道口十余米处，这挺机枪附近正巧是因多处负伤而昏迷的孙子明，他被枪声惊醒，看到这情景，大吼一声扑了过去，南朝鲜军的机枪手猝不及防被吓得魂飞天外，掉头就逃，孙子明刚想把机枪掉过头去射击，另外一股十多个敌人已经涌了上来，他见来不及开火，一把抓起身边的三颗手榴弹，朝着这股敌人扑去，与敌同归于尽。直到12时许，经过了7个多小时的激战，南朝鲜军攻上了主阵地。经过20多分钟惨烈无比的白刃肉搏，阵地被占领。至下午2时，1连仅存20余人，便退守坑道。537.7高地除9号阵地外的其余表面阵地都告失守。9连和1连在激烈的战斗中，由于长时间高强度持续射击，武器损耗非常惊人，总共打坏10挺苏式转盘机枪、62支冲锋枪、90支步枪，占全部武器的80%以上！

黄昏，45师师长崔建功得知在白天战斗中失去了一半的表面阵地，立即命令135团团长张信元连夜组织反击，夺回阵地。并让二线的134团团长刘占华即刻赶到师部，熟悉情况，准备参战。

当晚7时，135团以3个连另2个排的兵力，在炮兵火力的支持下，分4路向两个高地反击。反击部队与退守坑道部队内外配合，经过3个小时的战斗，全部恢复阵地。在战斗中，135团7连2排排长孙占元率领突击排反击597.9高地2号阵地。在两条腿被炸断的情况下，孙占元爬行指挥战斗。当一群美军冲到他的身边的时候，他毅然拉响握在手中的手榴弹，与敌同归于尽。

从15日起连续三天，"联合国军"以两个团另4个营的兵力，在强大炮火支持下，对597.9高地和537.7高地北山实施轮番进攻。志愿军也不断增加兵力和火力，45师在上甘岭进行了顽强的抗击和反击。在这几天里，"联合国军"白天占领表面阵地，晚上又被志愿军夺回，战斗异常激烈。

　　10月19日，志愿军45师组织134团和135团以3个连的兵力，在一百余门火炮的支持下，再一次对597.9高地实施反击。在坚守坑道部队的配合下，全歼597.9高地美军5个连，恢复表面阵地。与此同时，537.7高地北山的战斗也异常激烈，志愿军以3个连的兵力，奋力争夺，于19日晚537.7高地北山阵地也全部回到志愿军的手中。在这次战斗中，135团2营从597.9高地西北向敌军阵地反击，当进攻0号阵地时部队受阻。美军的一个中心火力点，控制了志愿军的进攻路线。2营6连先后组织3个爆破组去炸毁火力点，均未成功。这时，该营通信员黄继光挺身而出，请求炸掉这个火力点。他带领6连通信员吴三羊和战士肖登良去执行炸毁这个火力点的任务。当进到距火力点30米时，吴三羊牺牲，肖登良身负重伤，黄继光的左臂也被子弹打穿。他忍受剧痛，冒着敌人机枪的疯狂射击继续前进，在抵近敌火力点时连投几枚手雷，但未能将敌人火力点全部炸毁。这时的黄继光已身负重伤，胸部五处中弹，但敌人的机枪仍在疯狂地响着，进攻的志愿军部队被压制在山坡上。在这危机时刻，黄继光毅然挺起胸膛，纵身扑向敌人的火力点，堵住了敌机枪的射击。在黄继光英勇献身精神的激励下，反击部队迅速消灭了敌人，夺回了阵地。

志愿军战士近战歼敌

　　从10月14日至10

月20日，志愿军与"联合国军"对上甘岭阵地进行反复争夺，"联合国军"先后投入17个营的兵力，志愿军投入21个连的兵力。到20日晚，除597.9高地的4、5、6号阵地外，两个高地的表面阵地全部被"联合国军"占领，志愿军防守部队退守坑道。鉴于战斗规模不断扩大，双方均调整部署，准备进行更加激烈的争夺，上甘岭战役进入了第二个阶段。

如果说上甘岭战役的胜利，是志愿军英勇作战，不畏强敌、不怕牺牲的伟大精神所创造的奇迹。那么，无敌坑道，就是这奇迹的坚强后盾。可以肯定，上甘岭战役的胜利，乃至于抗美援朝战争的胜利，都与志愿军所创造的无敌坑道和开展的坑道作战密切相关。

在上甘岭战役打响前，为了增强上甘岭阵地的防御能力，志愿军第15军加强了两个高地的防御工事的构筑。到战役开始时两个高地有10米以上的坑道48条，并有大量的防坦克壕、障碍物和地雷区。坑道内增加了通信设备，囤积了粮食弹药和作战物资。

坚守坑道部队正是依托这样的坑道，使装备精良的"联合国军"虽然占领了表面阵地，却无法对付坑道内的志愿军，无法真正控制上甘岭。

"联合国军"为巩固已占领的表面阵地，并进一步向纵深发展，采取异常残酷的手段，对坚守坑道的部队进行围攻。他们用炮火摧毁坑道口，用石头、麻袋、铁丝网阻塞坑道，用炸药连续爆破坑道，并向坑道投汽油弹、毒气弹、硫磺弹。在敌军的破坏下，坑道内缺水、缺粮、缺弹药。被炸短了的坑道空气污浊、氧气不足，呼吸都有困难。为了打击敌人的破坏，在五圣山地区部署的志愿军部队，专门指定炮兵群，支援两个高地坑道内的部队，以强大的炮火掩护所有坑道口和坑道密集地段。与此同时，组织坑道外的部队，向两个高地实施反击。从10月21日至29日，志愿军以两个连的兵力，向537.7高地北山实施7次反击，并于21日、24日和28日三次收复537.7高地北山表面阵地。30日后又落入"联合国军"之手。在

597.9高地志愿军以9个排的兵力，先后实施5次反击，于23日，夺回该高地的主峰，但很快失守。

在志愿军司令部的彭德怀指示下，坚决与敌斗争下去，令坚守部队调整部署，准备反击。第3兵团副司令员王近山紧急将12军调往五圣山。并将45师在五圣山地区的防务，除597.9和537.7两个高地外，全部交给29师，让45师集中于两个高地的争夺战。此后，45师大部兵力转入坚守坑道斗争，大量杀伤和疲惫了敌人，使其不能巩固已占领的表面阵地，也不能向纵深发展。以争取时间，为最后进行粉碎敌人进攻，全面恢复阵地的反击做准备。

10月29日，反击作战开始，上甘岭战役进入第三阶段。志愿军第15军经过两天的炮火准备，摧毁了"联合国军"所占领的表面阵地和修筑的地堡等防御设施。30日夜第15军以45师5个连，29师2个连，与坚守坑道的3个连配合，在强大的炮火支援下，对597.9高地的敌人进行反击。经过五个小时的激战，将守敌4个连全部歼灭，接着又打退敌人1个营的多次反扑。

11月1日，"联合国军"集中数十架飞机，70余辆坦克和密集的炮火轰击上甘岭阵地，共发射炮弹12万发，先后以6个营的兵力对597.9高地进行14次冲击。志愿军第15军的将士们在炮火支援下将敌人一次次打退。

志愿军某部5连副班长胡修道，在上甘岭战役中，杀伤敌人280多名，荣立特等功，并获得"一级英雄"称号

11月2日，"联合国军"以持续4个小时的猛烈炮火，企图摧毁597.9高地的坑道及防御工事，发射炮弹15万发，并出动飞机100余架次，轰炸扫射597.9高地。紧接着南朝鲜军第9师第30团、美7师第2团2个营、空

降187团一部共5个营的兵力，向597.9高地发起攻击。志愿军第12军91团和86团一天中打退敌人40次进攻。坚守9号阵地的志愿军91团5连打得机智灵活，英勇顽强，新战士胡修道，在战友们伤亡严重，阵地上只剩下他一人的情况下，仍顽强作战。一人从上午打到黄昏，打退敌人41次冲锋，歼敌280余人，直打到后续部队赶到增援，守住了阵地。

在此后的作战中，双方都不断增加兵力，对上甘岭阵地的争夺也不断升级。为了守住597.9高地，志愿军防守部队连续7天击败了"联合国军"5个团又两个营的轮番进攻，战斗一直持续到11月5日。"联合国军"和南朝鲜军感到夺回阵地无望，停止了进攻，597.9高地已全部回到志愿军的手中。

随着597.9高地争夺战的结束，敌我双方争夺的焦点集中在537.7高地北山。为了争取战役的决定性胜利，志愿军部队调整部署，将连续奋战的第15军除炮兵、通信兵和后勤保障部队外，全部后撤休整，以第12军31师执行上甘岭地区的作战任务，以34师两个团为预备队，将支持上甘岭地区的火炮增加至300余门。11月11日，志愿军第12军开始反击537.7高地北山的敌人。11日16时，第12军92团以两个连的兵力，在火箭炮、榴弹炮、迫击炮的支援下向537.7高地北山发起攻击，1小时后，全部恢复该高地的表面阵地。12日，南朝鲜军第17团和32团向537.7高地北山反扑，占领了高地的5、6、7、8号阵地。志愿军第12军93团也投入战斗，92团和93团战至17日晚，打退了南朝鲜军的进攻。双方激战至25日，彻底粉碎了敌人的进攻，巩固了537.7高地北山阵地。

至此，上甘岭战役以志愿军的胜利而宣告结束。

上甘岭战役历时43天，从最初以连为单位的小型战斗，逐步升级，发展成大规模的战役。作战地区仅3.7平方公里。"联合国军"先后投入兵力6万余人，坦克170余辆，出动飞机3 000余架次，动用105毫米以上口径火炮300余门，平均每天发射炮弹2.4万发，

中国人民志愿军政治部颁发给特级英雄、特等功臣黄继光的中国新民主主义青年团奖状

投掷重磅炸弹500多枚。志愿军先后投入兵力4万余人，各类火炮500余门，发射炮弹35万发。两个高地的山头被削低了两米，山上的土石被炸成一米多厚的粉末，兵力、火力的密集程度和战斗的激烈程度在世界战争史上罕见。然而，志愿军在这样残酷的条件下，英勇作战，彻底粉碎了敌人的"金化攻势"，取得了上甘岭战役的决定性胜利。

奇袭白虎团

1953年6月,志愿军发起的夏季反击战役,分三个阶段,第一、第二阶段的进攻已经顺利完成,并取得了辉煌的战果。朝鲜战争已接近尾声,停战谈判已进入关键阶段,各项条款全部达成协议,双方正在进行停战协定签字的准备工作,朝鲜停战即将实现。正当此时,南朝鲜李承晚集团公然反对停战签字。6月17日,李承晚集团将沧山、马山、釜山、尚武台4个战俘营2.7万名人民军战俘,以"就地释放"为名,强行扣留。李承晚声称:"停战协定一旦签订,要把我的军队从'联合国军'管辖下撤出来,继续打下去,打到鸭绿江。"

某部勇士们攻入南朝鲜军首都师1团(白虎团)指挥所

李承晚的这一举动,不仅违背交战各方的意志,破坏了和平进程,也使美国陷入十分尴尬的处境。而这样的政治形势,对中朝方面极为有利,造成了志愿军再给南朝鲜军以打击的良机。因而,为处理停战签字事宜,刚刚从北京回到朝鲜前线的彭德怀致电毛泽东,建议推迟停战协定签字,再给南朝鲜军以打击。毛泽东复电,同意了这一建议。于是,志愿军领导机关决定,立即组织夏季反击战役的第三阶段进攻,目标是狠狠打击南朝鲜军。

　　根据这一情况,志愿军司令部指示,以第20兵团所属第67军、第68军、第60军、第54军及第21军,共5个军的兵力,在金城以南完成战役准备。

　　1953年7月13日夜,浓云密布,大雨将至,志愿军出其不意,突然发起进攻。以1 000余门火炮一齐向南朝鲜军阵地发起猛烈攻击。这是志愿军入朝以来,集中火炮数量最多,火力最强的一次战役。经过炮火准备,各突击集团,全线向南朝鲜军阵地进攻。一个小时后,南朝鲜军阵地全线崩溃,一片混乱。

　　为了保证主攻部队顺利向纵深发展,各师迅速组织渗透迂回支队,向南朝鲜军纵深穿插,以打乱敌人的指挥系统、袭击炮兵阵地或断敌后路。第68军203师的穿插支队,由609团第2营与607团的一个侦察班组成。在副团长赵仁虎的率领下,迅速通过敌人的封锁区,向敌纵深穿插。14日2时,穿插支队的先头侦察班共12人,在副排长杨育才率领下,化装成南朝鲜军,一路上冒雨前进。

　　这个穿插支队,头戴南朝鲜军的钢盔,脚穿大头皮鞋,披着雨衣,踩着泥泞的小路,向敌人的后方,飞速前进。

特等功臣、一级英雄杨育才

志愿军步兵在坦克配合下突入敌阵地

杨育才与侦察班出发的时间和金城战役发起的时间是同一时间,即7月13日21时。临近傍晚,杨育才就带着侦察员班的战士,到达阵地前沿484高地的一个小坑道里。21点整,杨育才下令:"出发!"侦察员们按事先研究好的行军顺序,向目的地进发。

在杨育才的带领下,侦察班的战士们迅速穿过敌人的第一道防线。突然,前面传来了赵顺合低沉急促的声音:"停下!副排长,我踩着地雷了。"

杨育才心里一沉,急切地喊道:"其他人隐蔽,赵顺合,你把脚踩住,站稳,千万别挪开。"杨育才卧伏在地上,小心翼翼地用手顺着赵顺合的脚把铁板两旁的泥土扒开,地雷一点点露了出来,杨育才的汗水顺着双颊淌了下来。这可能是一颗美式反坦克雷。他不敢大意,又继续往下扒,最后,终于确认了是反坦克雷。赵顺合知道反坦克雷没有180公斤压力是不会爆炸的。在杨育才的示意下,赵顺合快速地抽出了脚。

因为有地雷,前进的速度慢了下来。杨育才与战士们摸索前进,正走着,前方传来了流水声,杨育才心头一喜,敌人不会把地雷埋在被大雨冲刷的水沟里。他马上发出命令:"大家顺水沟往上爬。"战士们都跳进了水沟,加快了前进步伐。

他们将至415高地山脚的时候,发现了敌人的两个地堡。杨育才摆摆手,战士们悄悄地绕过了敌人的地堡,继续前进。

大约到三南里的时候,他们走上了公路。杨育才借着敌人的照明弹观察侦察班的行进情况,发现队伍的尾部有个人走得较慢。当照明弹又升起时,他数了一下人数,是14个人。杨育才对韩淡年讲明了情况,韩淡年慢慢凑到队伍后面,缴了那人的武器。经过审讯,这是一个被打散了找不到队伍的南朝鲜军士兵,在这个俘虏的口中,取得了敌人当晚的口令,并详细了解了白虎团团部的位置情况。有了这些情报,侦察员们心里更加有底。利用这个口令,杨育才率领侦察班顺利地通过了敌人的几道关卡。

再往前走就是勇进桥了,这也就意味着到达了敌人的心脏。杨育才和几个侦察员上了大桥,经过验证,确认是勇进桥后,迅速通过了大桥。在过桥不远的一个僻静低洼处,杨育才把大家叫在了

志愿军某部勇士们围攻南朝鲜军"首都师"1团指挥所

一起，掏出地图，确认了方位。只有三四里就到"白虎团"团部了。杨育才向大家发出了简短的命令："继续前进，保持距离，做好战斗准备。"

就在他们准备跃过公路时，前面五六十辆开着强光的汽车沿着山路开了过来，把前方的山道、山口、山坡照得通明。

怎么过？杨育才略一沉思，注意，2人1辆汽车，先用手榴弹，再用冲锋枪扫射，趁敌人混乱时，迅速冲过马路，到沟口白杨树下集合。命令一个接一个地传到侦察员们耳中。"打！"随着杨育才的一声命令，13名勇士仅用了3分钟，就结束了这场战斗，快速冲过了公路。

战士们到达了集合地点，杨育才把侦察员们叫到一起，迅速地分配了任务，然后直捣敌人的"白虎团"团部。侦察班的勇士们以迅雷不及掩耳之势，突然勇猛的闯进会议室、警卫室，开枪射击，攻进白虎团团部，打得敌人措手不及。当场击毙敌机甲团团长，俘敌军事科长，榴弹炮营副营长，

志愿军缴获的李承晚亲自授予"白虎团"的优胜虎头旗

十几分钟时间，侦察班共歼敌70余人，缴获李承晚亲自送给"白虎团"的"优胜"虎头旗，彻底打乱了该团的指挥系统。部署在周围的南朝鲜军各部，群龙无首，顿时大乱，失去了抵抗力。志愿军203师乘胜进军，顺利完成了作战任务。

战后，这个英雄的侦察班荣立集体特等功。机智勇敢的指挥员杨育才荣立特等功，获一级"战斗英雄"称号。朝鲜最高人民会议常任委员会授予杨育才"朝鲜民主主义人民共和国英雄"称号，并授予一级国旗勋章和金星奖章。

抗美援朝战争最后一仗

中国人民志愿军于1953年7月在朝鲜金城以南地区向南朝鲜军防守的阵地发动的战役,是抗美援朝战争中规模最大的阵地攻坚战,也是最后一次战役。

中国人民志愿军为促使朝鲜停战早日实现,在朝鲜人民军的配合下,于1953年5月,对以美国为首的"联合国军"和南朝鲜军发起了夏季进攻战役。5月13日至6月23日,实施的第一阶段和第二阶段进攻,共歼灭"联合国军"和南朝鲜军4.5万余人,使北汉江以西、金城以南地区的南朝鲜军防御阵地更加突出,处于不利态势。

1953年7月22日,在602.2高地争夺战中,我军战士向敌人进行射击

此时，朝鲜停战协定即将签订。但是，南朝鲜李承晚统治集团在美国纵容下，以"就地释放"为名，强迫扣留朝鲜人民军被俘人员约2.7万余人，企图破坏朝鲜停战的实现。为了打击李承晚统治集团，促进朝鲜停战的早日实现，保持停战后和平局面的稳定，同时为了拉直金城以南战线，取得停战后的有利态势，志愿军在朝鲜人民军的配合下，从1953年7月13日起组织了夏季进攻战役的第三次进攻。志愿军集中5个军的兵力，编成西、中、东三个作战集团，在金城以南上所里至北汉江之间地区，向南朝鲜军阵地进行了主要攻击；经过激战，突破南朝鲜军约4个师的防御阵地，向南扩展160余平方公里，拉直了战线，并先后击退"联合国军"及南朝鲜军约8个师兵力的大小反击1 000余次。至7月27日，战役胜利结束。此役歼敌5万余人，有力地促进了朝鲜停战的实现。

金城战役是中国人民志愿军第20兵团在第24军配合下实施的。主要向金城以南地区实施进攻。该地区西起金化，东至北汉

火箭炮配合步兵向敌阵地进攻

以猛烈的炮火，为步兵开辟冲击道路

江，由南朝鲜军首都师和第6师、第8师、第3师防守。其基本阵地构筑了坑道工事和大量明暗火力点、地堡群、堑壕、交通壕相连接，形成支撑点式的环形防御体系。

7月13日21时，第20兵团及第24军在1100余门火炮支援下突然发起进攻。炮兵经半个小时的火力准备，在主要突破地段上，摧毁南朝鲜军地面工事的30%，障碍物80%，保证步兵在1小时内全部突破敌前沿阵地。西集团右翼203师攻占522.1高地后，主力向芳通里方向进攻。该师执行穿插任务的1个加强营，沿522.1高地以东公路向纵深猛插，14日2时左右进至二青洞附近，先后歼灭南朝鲜军1个营大部及美军炮兵1个营；其先头分队1个班在副排长杨育才带领下，化装成南朝鲜军，以极小代价歼灭南朝鲜军首都师第1团团部；左翼204师攻占552.8高地后，于14日4时30分进抵月峰山下，在战斗中生俘南朝鲜军首都师副师长。130师攻击424.2高地后，向烽火山发展进攻。至17时40分，西集团先后占领烽火山、月峰山。中集团右翼200师攻占官岱里西南高地后，以

占领轿岩山阵地的部队，向反扑之敌猛烈射击

一部兵力沿金城至华川公路向纵深穿插，于14日6时占领龙渊里、东山里地区，将南朝鲜军第6师防御部署割裂，使其轿岩山、烽火山阵地侧后受到威胁；主力则乘胜渡过金城川，向梨船洞发展进攻。左翼199师经一夜激战，于14日10时占领轿岩山后，继续发展进攻。东集团181师（附605团）突破后，一部西渡金城川，进抵梨船洞东与中集团会合；另一部攻占461.9高地。第24军以1个师的兵力，向南朝鲜军首都师第26团阵地发起进攻，于14日零时攻占注字洞南山、杏亭西山，13时30分攻占432.8高地及杨谷以北地区，控制上九井、下九井间公路，保证了第20兵团右翼的安全。

至14日18时，第20兵团和第24军经21小时激战，占领西起新木洞经芳通里、梨实洞、北亭岭、间棒岘、豆栗洞、巨里室，沿金城川至461.9高地一线以北地区，拉直了金城以南战线，完成战役第一步任务。为贯彻"稳扎狠打"的指导方针，第20兵团和第24军即在上述地区巩固已得阵地，同时各以一部兵力扩大战果。自14日夜起，东集团180师南渡金城川，于16日攻占黑云吐岭、1118

高地、白岩山、949.5高地至北汉江一线阵地；中集团135师一部于15日晨攻占后洞里；西集团和第24军在击退南朝鲜军反扑后，将阵地推至新木洞、北亭岭、间棒岘公路北侧。16时第24军攻占金化以北537.7高地及597.9高地以南各无名高地。这时，由于连日降雨，河水上涨，金城川上的桥梁全部被美机炸毁，新修道路泥泞难行，炮兵机动、通信联络和前线运输均发生困难，加之"联合国军"战役预备队已调近战场，第20兵团和第24军遂转入防御，准备抗击反扑。

16日，"联合国军"总司令M·W·克拉克和美军第8集团军司令M·D·泰勒飞抵前线，召开高级军官会议，决定夺回失地。从当日下午开始，先后以美军第3师和南朝鲜军第5、第7、第9、第11师及第3、第6、第8师余部进行反扑。17日，以6个团的兵力，重点向黑云吐岭、白岩山至867高地一线阵地猛攻。东集团志愿军180师在无坚固工事依托和无纵深炮火支援的情况下，奋力激战，守住了除867高地以外的各阵地。鉴于东集团新占阵地过于突出，且背水作战，炮兵支援与补给一时尚难解决，第20兵团遂决定该集团

在坦克火力掩护下，步兵冲向敌人阵地

除以一部兵力固守461.9高地外,主力转移至金城以北地区防御。中、西集团和第24军也适当向北收缩,主要固守432.8高地、梨实洞、北亭岭、间棒岘、602.2高地和巨里室北山一线。

18日后,"联合国军"反扑重点转向志愿军中集团正面的602.2高地巨里室北山一线阵地,先后展开1~3个团的兵力连续猛攻。200师凭借有利地形,在炮兵火力支援下顽强抗击,除巨里室北山阵地失守外,固守了已占阵地。27日,停战协定签字,金城战役胜利结束。

参考书目

杨凤安、王天成:《北纬三十八度线——彭德怀与朝鲜战争》,解放军出版社,2000

军事科学院军事历史研究所:《抗美援朝战争史》,军事科学出版社,2000

中国军事博物馆:《抗美援朝战争纪事》,解放军出版社,2000

杨迪:《在志愿军司令部的岁月里——鲜为人知的真情实况》,解放军出版社,1998

军事科学院军事历史研究部:《中国人民志愿军抗美援朝战史》,军事科学出版社,1990

王树增:《远东朝鲜战争》,解放军文艺出版社,2000

柴成文、赵勇田:《板门店谈判》,解放军出版社,1992

柴成文:《板门店谈判纪实》,时事出版社,2000

"志愿军一日"编委会:《志愿军一日》(上、下),解放军文艺出版社,2000

杜平:《在志愿军总部》,解放军出版社,1989

中国人民抗美援朝总会宣传部编:《伟大的抗美援朝运动》,人民出版社,1954

人民文学出版社编辑部编:《临津江边》,人民文学出版社,1953

柴成文,赵勇田编:《抗美援朝纪实》,中共党史资料出版社,1987

洪学智著:《抗美援朝战争回忆》,解放军文艺出版社,1990

沈阳市抗美援朝烈士陵园管理所编:《抗美援朝烈士永垂不朽》,沈阳出版社,1992

刘仲文主编:《江城之光》,辽宁大学出版社,1990

川北人民出版社编:《汉江南岸的日日夜夜》,川北人民出版社,1951

[日]陆战史研究普及会编:《朝鲜战争》(上、中、下),国防大学出版社,1994

解力夫著:《朝鲜战争实录》,世界知识出版社,1993

齐德学著:《朝鲜战争决策内幕》,辽宁大学出版社,1991

吴信泉:《朝鲜战场1000天——39军在朝鲜》,辽宁人民出版社,1996.1

人民文学出版社编辑部编:《朝鲜通讯报告选三集》,人民文学出版社,1953

人民文学出版社编辑部编:《朝鲜通讯报告选二集》,人民文学出版社,1953

人民文学出版社编辑部:《朝鲜通讯报告选》,人民文学出版社,1952

柴成文、赵勇田著:《板门店谈判》,解放军出版社,1992